元気がなくても作りたくなるレシピ

料理家・ふんわり糀家
笠原なつみ

飛鳥新社

はじめに

２０１２年４月、慢性骨髄性白血病と診断されました。不幸中の幸いといいますか、骨髄移植や抗がん剤での治療ではなく、薬を飲めばほぼ制限なく日常生活を送れるものでした。

子どもの頃から健康や美容に関心が強く、内側からきれいになりたいと食べる物にこだわってきました。添加物は極力避けてきたし、脂っこいものや砂糖のとり過ぎにも気を使ってきたのに病気になるなんて。当時は「何で私が？」と受け入れられなかったし、もっとつらい人をネットで見つけては「私はまだマシなんだ……」と納得させていました。

やり場のない気持ちを抱えながらも、病気になったことでより一層、食事に気を使うようになりました。料理をしているときは無になれて、私にとって瞑想のような時間でした。なんとなく知識として持っていたことをより深く知りたいと、発酵食の講座にも通うように。塩麹、しょうゆ麹、甘酒、みそなどの発酵調味料と、旬の野菜を使った料理を積極的にとるようになると、目に見えて体の調子がよくなっていき、心の状態も安定していきました。体にいいことをしているという満足感もありましたし、目覚めがいいとか、倦怠感がないとかちょっとしたことで幸せを感じられるようになったのです。

心身が健康になると、少しずつ前向きになれて色々とチャレンジしたくなりました。好きな料理を仕事にしようと思い始めてから、私の人生は面白いように展開していきます。旅先で運命の人と出会い、結婚をし、香川県に移住。自宅で発酵調味料を使った料理教室をスタート。慢性骨髄性白血病と診断されてから3年の間の出来事です。

もともと食いしん坊で、食べることが好きな私。料理をすることも苦ではなく、むしろ心配事や悩みを忘れられる幸せな時間です。幸せと感じることは人それぞれだけれど、心身が健康でなければ幸せって感じにくいもの。大病をして改めて健康の源は〝食〟だと実感しています。ヘトヘトで何も作りたくないという日があるのは当たり前。だけど、私は今冷蔵庫にあるもので、今自分の体が欲しているものを作って満たされたいと思ってしまうんです。それが自分を大事にすることだから。

単純に〝おいしい！〟と感じたくて、しんどくてもお疲れ気味でも作りたくなるレシピが増えていきました。そんなレシピの数々が、頑張っているみなさんの癒やしになればうれしいです。

目次

#05 季節を楽しむ 旬おかずでパワーチャージ

#06 私の人生を豊かにしてくれた甘酒活用術

レシピ内の材料について

・塩麹は市販のものでかまいません。製品によって塩分濃度が異なりますので、味をみながら調整をしてください。

・メープルシロップは黒砂糖やはちみつ、甜菜《てんさい》糖にかえてもかまいません。

#01

私に元気をくれた あの日の料理

25歳で慢性骨髄性白血病を発症し、
普通に生活できること、好きな物を食べられる
幸せをかみしめました。
料理を仕事にしたいと思えたのは
病気がきっかけでしたが、
それ以前も私の日常には料理がありました。

子どもの頃から肌荒れに悩み、
何がいけないんだろうかと考えた結果、
食にたどり着いたのです。
それからというもの食品表示ラベルを見て、
甘味料や油、添加物が入っていないかを必ずチェック。
中学生くらいになると、母が忙しいこともあり、
料理を作る機会が増えました。
日常の一部だったものが、いつからか生きがいに。
そして思い返すと、しんどいときほど料理が
私を癒やし、助けてくれたのです。
特別ではないけれど、
私にとって愛おしい味を紹介します。

消えてしまいたいと思ったあの日料理が私を救ってくれた

まずは私について少しお話をさせてください。生まれも育ちも埼玉県。大学卒業後は大学職員として働き、結婚を機に夫の地元である香川県高松市に移住しました。現在は自宅で発酵調味料を活用した料理教室や認定講師の育成、食にまつわるコンサルティングなどをしています。基本は対面ですが、オンライン講座も行い国内外のたくさんの方たちとつながることができています。

最初に食に興味を持ったのは、肌荒れがきっかけです。思春期を迎えると気になるのは容姿。クラスのなかでかわいい子は肌がつるんとしているのに、私はどんなにスキンケアを頑張っても吹き出物ができてしまう。勉強は努力すれば成績が上がるんだから、肌だって努力すればきれいになるはず！　と、あらゆることに手を出しました。肌にいいといわれる化粧品やケア方法を試したし、皮膚科にもちゃんと通いました。美肌のためにはビタミンが大切だと知り、野菜をたくさん食べ、酵素ジュースも取り入れました。油や砂糖は大敵！　一滴でも口にしたくないと、

体にやさしい食事を
作ってくれた祖母。

肌荒れや容姿が
気になりだした中学生時代。

油や甘味料が入っているものは避けていました。こういうところ、完璧主義なんです。

　料理をはじめたのもこの頃です。母も仕事をしていたので、平日の夕食は近所に住む祖母の家で食べることが多かったのですが、中学生になると私が作る日も増えていきました。祖母や母の負担を減らしたいという思いもありましたが、肌荒れを治すために自分が納得するものを作りたいという欲が出てきたのです。

　よく私の料理は素朴でホッとする味だと言われるのですが、その原点はおそらく祖母が作ってくれたおひたしや煮物の味なんだと思います。母も忙しいなか、栄養バランスを考えた朝食を欠かさず用意してくれましたし、週末は一緒にお菓子作りもしてくれました。焼きたてのケーキやクッキーのいい香りとおいしさを教えてくれたのは母です。今思えば、料理の楽しさを子どもの頃から自然と知っていたんですね。

　25歳で病気が発覚するまで、大学の魅力を伝え、受験者を増やす入学業務の仕事は、人と話すのが好きな私にとって天職だと思っていました。ただ、昼食を味わう暇もないほど忙しく、人生で一番、健康に無頓着だった時期かもしれません。

　私の白血病のタイプは、薬の服用だけで日常生活を送れるものです。

シェアハウスでは白和えとスープが定番。野菜中心のメニュー。

癒やしの場所だった
シェアハウスの広いキッチン。

順風満帆だと思えた人生が
病気で一転した頃。

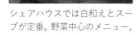

もちろん薬の副作用があり、倦怠感やむくみ、集中力の欠如に悩まされましたが、仕事も続けることができました。しかし、営業として外まわりをするのはつらいだろうという配慮から、総務課へ異動。抗がん剤で髪の毛が抜けることはない、ドナーが見つからないといった不安もない。自分はむくみや倦怠感だけで済んでいるんだから、まだ恵まれているんだと言い聞かせてはいたものの、好きな仕事が思うようにできず、自分の居場所を失った気がしました。大学職員は安定していて、このままずっと働き続けることができるだろうけれど、「私の人生、それでいいの？」と自分に問いかけました。しかし、薬代のことを考えるとすぐに仕事を辞める決断はできません。それでも環境を変えたいという思いは抑え込むことができず、住む場所を変えようと実家を出ました。

　東日本大震災を経て一人暮らしは何かあったときに不安だし、寂しがり屋なのでシェアハウスを選びました。ホームページで見たキッチンにトキメキ、東京・浅草にあるシェアハウスに決めたのです。

　朝早く起きてお弁当を作ったり、夕食は何を作ろうかと考えたりするのがとても楽しかったですね。共同キッチンで料理をしていると、「なっちゃんは、楽しそうに料理をするよね」と声をかけられるようになりました。おすそ分けすると「おいしい！」と喜んでくれました。シェアメイトの何気ないひと言で、生活の一部である料理を「好き」「得意」と

3カ月、住み込みで
料理修業をした「空音遊」。

入籍から約1年後に行った
結婚お披露目会。

夫と初めて出会った日。
岡山県倉敷市にて。

言っていいんだと、自分に許可がおりた気がしました。そこからなんとなく料理を仕事にするのもいいなと考えはじめるように。

２０１４年は私にとって怒涛《どとう》の一年でした。４月にシェアハウスに引っ越し、６月に日本インナービューティーダイエット協会の講座に通い、認定資格をとりました。玄米や野菜中心の食事に変えたことで、体の内側から浄化されていく感覚があり、思考もポジティブに。そして、11月に友人と旅行に出かけた倉敷で、その後の人生を左右する出来事が次々とやってきます。旅の道中、料理で生きていきたいと思うけれど、一歩踏み出せないと話したら、「それって本気なの？」と活を入れてくれたのは友人です。そして、同じ宿に泊まっていた男性からも背中を押してもらうことに。フリーランスとして働いていた彼の話は、夢を叶えるためのヒントとなりました。その彼とは10カ月の遠距離恋愛を経て結婚!!　しかし、私は入籍してすぐ「空音遊(くうねるあそぶ)」という古民家宿での料理修業に旅立ったのです。新婚なのに、３カ月も(笑)。この修業中に発酵調味料や自然食材の魅力にとりつかれ、料理教室の方向性が見えてきました。宿主の「悩むより、ワクワクすることをまずはやってみたら」という言葉は、人生の指針となっています。

気づけば白血病を発症してから10年が経ちました。あの頃よりも何倍もトキメキを感じ、仲間が増え、ワクワクする毎日を送っています。

日本各地で「夢の叶え方」の
講演会を開催。

「ふんわり糀家」として
講座をスタート。

料理の原点、祖母の味

● やつがしらの煮物

両親が共働きだったので、近所に住む祖母の家で夕飯を食べることが多かった。祖母が作る白菜の漬物や卯《う》の花、きんぴら、煮物などが記憶に残っています。茶色いおかずばかりだけれど、大好きでした。

祖母を思い出しながら作るのは、おせち料理に入っていた「やつがしらの煮物」。お正月は、祖母の家に集まって手作りのおせちを食べるのが恒例でした。けっして豪華なものではなく、野菜中心の素朴なおせち。まさに地味だけど滋味の筆頭といえるやつがしらの煮物ですが、これを食べないと一年がはじまらないといっても過言ではありません。祖母は感覚で味付けをするし、いつも大晦日までに作り終えているから、調味料の配合をちゃんと聞いたことがありませんでした。祖母が生きているうちに、もっとよく見て学んでおけばよかった……。

香川に住んで驚いたのは、やつがしらが手に入らないこと。代用として京芋や大きめの里芋を使い、舌の記憶を頼りに祖母の味に近づけます。おそらくたっぷりの砂糖としょうゆで味付けしていたと思うけれど、砂糖を控えたい私にはかなりの量。お正月だけは特別なので祖母の味を踏襲し、普段は甘酒とみりん、しょうゆでアレンジしています。

◎ 材料／作りやすい量

やつがしらまたは京芋…2kg

A
- しょうゆ…50ml
- みりん…50ml
- 砂糖…大さじ2
- 塩…小さじ½
- 水…800ml～1ℓ

◎ 作り方

1 芋は厚めに皮をむいて、握りこぶし程度の大きさに切り分けて、水にさらす。
2 鍋に1とAを入れて火にかける。水は芋の表面が少し出るくらいの量が目安。
3 ひと煮立ちしたら落とし蓋をし、12分ほど弱火で煮込む。
4 火を止めて、落とし蓋をしたまま30分ほど冷ます。

しんどい人を助けたかった

● あり合わせパスタ

週末の夕方になると、夕食の献立をどうするかで悶々《もんもん》としている母の姿をよく目にしました。言葉にしなくても空気で察する「しんどさ」が子どもながらにつらく、母をラクにしてあげたいと思って買い物について行くようになりました。食材の旬、値段の相場、献立のバランスを感覚的に覚えたのは、きっと買い物同行のおかげでしょう。料理を苦と思わずできるのも、もともとは母の役に立ちたい、母の笑顔を見たいという子どもながらの思いが原点だったと思います。

中学生になると夕食だけでなく、週末の昼食も私があり合わせの材料で家族４人分を作る日もありました。冷蔵庫にあるもので作る自由な感覚が好きで楽しかったし、結果的にレシピの創造力を鍛えることにつながっていました。

確か、「ツナバターしょうゆパスタ」を作った時だったと思います。褒めるのが苦手な母が「お店の味みたい！　すごくおいしい」と言ってくれたのが、テストで満点をとった時なんかの比じゃないくらいうれしかったと鮮明に覚えています。料理はしんどい人を助け、大切な人を笑顔にできる手段なんだと、この時すでに知っていたんですね。

◎ 材料／1人分

スパゲッティ…80g
玉ねぎ…¼個
ツナ缶（オイル漬け）…１個
しょうゆ…小さじ１
オリーブ油…大さじ１½
にんにく…１かけ
鷹の爪…適量
水…1.5ℓ

◎ 作り方

1 水を沸かし、塩小さじ1½（分量外）を入れ、スパゲッティを表示時間通りにゆでる。
2 フライパンにオリーブ油とスライスしたにんにく、鷹の爪を入れて香りが立つまで弱めの中火で熱する。
3 薄切りにした玉ねぎを**2**に入れて炒め、透き通ったらツナを加えてざっと混ぜる。
4 ゆで上がったスパゲッティを**3**に入れて混ぜ合わせ、最後にしょうゆを加えてさっとなじませる。

肌荒れに悩んでたどり着いた
● 野菜をもりもり食べるドレッシング

中学生の頃の私は、油や砂糖は全部悪だ！　と思い込み、食品表示ラベルと常ににらめっこ。母が作ってくれる料理でも油を使っているものは拒否。インスタントラーメン、市販のお惣菜なんかはあり得ないとさえ思っていました。

健康や美容のために野菜をたくさん食べたいけれど、市販のドレッシングは油が気になって使えませんでしたね。しかし、栄養の勉強をするようになってからは、いい油は摂取したほうがいいことを知りました。脂質も体にとって必要な栄養素ですし。今では良質な油をとるためにナッツやアボカド、ごまを積極的に食べるようにしています。

旬の野菜と発酵調味料があればおいしくいただけますが、よりおいしく楽しく野菜を食べるためにドレッシングを手作りするようになりました。手作りのよさって、何が入っているかを自分で把握できて安心できるところ。加工品だけでなく市販の調味料にも添加物が入っていて、それがどうしても気になってしまうのです。自分が納得でき、体にいいものを食べていることは心の安定剤にもなります。自然と体の不調も消えていくのです。

黒ごまドレッシング

材料／作りやすい量

黒ねりごま…大さじ２
しょうゆ…大さじ１
豆乳…大さじ２
酢…大さじ１
メープルシロップ…大さじ½

作り方

材料を全て混ぜ合わせる。

にんじんとみかんのドレッシング

材料／作りやすい量

にんじん…１本
みかん…１個
アーモンド…６～７粒
米油…大さじ４
メープルシロップ…大さじ½
酢…大さじ２
塩…小さじ１

作り方

にんじんとみかんの皮をむき、材料を全てフードプロセッサーで混ぜ合わせる。

黒ごまドレッシング

にんじんとみかんの
ドレッシング

病気を治したい一心で食べ続けた ● にんじんラペ

白血病と告知を受けたときは、自分ごとと思えなかったけれど、変な安堵《あんど》感がありました。というのも、23～24歳の若さなのに、駅の階段を上るだけで息切れをし、仕事中にはめまいがすることも多かったので、その原因がわかりほっとしたのです。

○○サプリが効く、水を替えたほうがいい、断食がいい……。肌荒れのときのように健康法を調べ尽くしましたが、なかには詐欺まがいな情報もたくさんあったはず。むやみに手を出さなかったのは、「何が入っているか」をチェックするクセがついていたからだと思います。

信じられたのは「生にんじんジュースはガンに効く！」というもの。ちなみに、にんじんにはβカロテンが豊富に含まれ、免疫力を高める効果がありますし、抗酸化作用も強く生活習慣病の予防にも役立つと言われています。コールドプレスジュース作りを試みたこともあるけれど、マシンの洗浄が大変だし、にんじんカスを捨てるのはもったいないとなり、続けられず……。生で食べるならサラダでいい、そうだにんじんラペを常備しておこうと作るように。食卓も華やかにしてくれますし、アレンジもしやすいのがいいところ。今でも我が家の定番品です。

材料／作りやすい量

にんじん…2～3本
塩…小さじ1
酢またはレモン汁…大さじ1
レーズン…適量

作り方

1 にんじんを千切りにする。
2 ボウルに1と塩、酢、レーズンを入れて全体をよく混ぜ合わせる。

疲れた体と心を温めてくれた

ポタージュスープ

入学課の仕事は営業で外まわりが多く、常に動いていました。しかし、病気になってからはパソコンに向かって黙々と作業。家と職場の往復だけで代わり映えのない毎日。あと40年もこの生活が続くのはイヤだと、住む場所を変えました。観光地である浅草にあるシェアハウスでの生活は夢のようであり、私の心の支えになっていきます。

実家の台所は母のものという意識が強く、好き勝手に使えないと思っていました。シェアハウスも共同ですが、自由に使えるんだと思うと創作意欲がどんどんわいてきました。好きな食材を買い、好きな物を作れるワクワク感で病気や仕事のことを忘れられました。シェアメイトとのレシピ交換も楽しかったですね。

ブログを読み返したら、やたらとポタージュスープを作っていました。一度作り方を覚えればアレンジしやすいし、多めに作っておけば、仕事から帰ってきてすぐに温かいスープが飲めるという安心感があったのかな。シェアハウスにはバスタブがなかったので、体を内側から温めてくれるスープはマストな存在でした。それでも耐えられないほど寒い日には近くの銭湯に行ったりして、浅草下町ライフを満喫していました。

ねぎとしめじのスープ

材料／2～3人分

しめじ…１袋
白ねぎ…１本
じゃがいも…１個
オリーブ油…大さじ１
塩麹…大さじ１
水…300ml
豆乳…100ml
塩、こしょう…適量

作り方

1 しめじは石づきをとってほぐす。白ねぎは薄切りにする。じゃがいもは皮をむき薄切りにして水にさらす。
2 鍋にオリーブ油と1、塩麹、水200mlを入れて蓋をして中火にかける。蒸気が出はじめたら弱火にして10分煮る。
3 火を止め、水100mlを加えてハンドブレンダーでなめらかになるまで撹拌《かくはん》する。豆乳を加えて火にかけ、沸騰させないように温める。最後に塩、こしょうで味をととのえる。

ほうれん草のスープ

◎ 材料／2〜3人分

ほうれん草…½束
玉ねぎ…1個
じゃがいも…1個
オリーブ油…大さじ1
塩麹…大さじ1
水…300ml
豆乳…100m
塩、こしょう…適量

◎ 作り方

1 ほうれん草は5cmのざく切りに、玉ねぎは薄切りにする。じゃがいもは皮をむき薄切りにして水にさらす。
2 鍋にオリーブ油と玉ねぎ、じゃがいも、塩麹、水200mlを入れ、蓋をして中火にかける。蒸気が出はじめたら弱火にし、ほうれん草を加えて10分煮る。
3 火を止め、水100mlを加えてハンドブレンダーでなめらかになるまで撹拌する。豆乳を加えて火にかけ、沸騰しないよう温める。最後に塩、こしょうで味をととのえる。あればピンクペッパーをのせる。

夫と出会った思い出の地で覚えた味

● ベジトマトカレー

昔はカレーが嫌いでした。実家でカレーが出てくる日は「母が元気もやる気もない日」だったから。そのイメージが変わったのは、夫と出会い、岡山県倉敷市を訪れることが増え、大好きなカレーのお店ができたからです。朝からカレーが食べられるカフェで、「朝カレー」をするのが毎回の楽しみでした。

夫と出会った倉敷のゲストハウスで、別の方から「料理が好きなら絶対行ったほうがいいよ」と紹介されたのが、徳島・祖谷《いや》の宿「空音遊」です。旅好きな私は迷いなく、訪れました。自然に囲まれた環境はもちろん、宿主の生き方や考え方に心惹《ひ》かれ、ここで料理修業をしたい！とその場で即決。入籍後すぐに3カ月も山にこもることに。地元の食材を使ったマクロビオティックの料理がメインで、動物性食品を使わないのに満足度が高く、食で体を癒やしたい私にとってぴったりでした。カレールーを使わずにノンオイルで作るレシピを教えてもらってから、さらにカレー作りにハマりました。材料は多いけれど、全部入れて煮込むだけなので簡単です。レッスンでも生徒さんにとても人気があったメニューです。

◎ 材料／4人分

玉ねぎ…1個
にんじん…⅔本
しいたけ…4個
大根…5cm
にんにく…2かけ
しょうが…½かけ

A
- トマト缶…1個(400ml)
- 水…100ml
- 塩…小さじ2

B
- ココナッツミルク…200ml
- カレー粉…大さじ1
- 甘酒…大さじ3
- ココアパウダー…小さじ1

◎ 作り方

1 玉ねぎはくし形切り、にんじんは乱切り、しいたけは1cm幅、大根はいちょう切りにする。にんにくとしょうがは、薄くスライスする。
2 鍋に1とAを入れ、蓋をして中火にかける。
3 蓋のすき間から蒸気が上がり野菜がしんなりしたら弱火にし、Bを加えて5分ほど煮込む。

初レッスンは甘酒を使った2品

大根もち&トマトカクテル

インナービューティーダイエット協会で発酵調味料に目覚め、さらに古民家宿での料理修業で麹の奥深さを知りました。でも、まだこの時は発酵調味料を主軸に料理教室を開こうとは考えていませんでした。

修業中でしたが、宿主の「まずはやってみなよ」という言葉に押され、教室名もどんな料理を教えるかも決まっていない状態で「とりあえずやってみよう」と２０１５年11月に初めてのレッスンを開催。夫の実家がある香川県に戻り、以前泊まったことがあるシェアハウスのキッチンを借りて行いました。夫と義理の両親しか知り合いがいない土地で、さまざまな縁を通じて４名が集まってくれてホッとしましたね。

甘酒のレシピを選んだのは、なんとなく女性は甘いものが好きだからという単純な理由と、私が砂糖をなるべくとりたくなかったからです。まだ甘酒作りをしていなかったので、古民家宿で販売していた甘酒を使いました。大根もちのレシピは、「甘酒って料理(おかず)にも使えるんですね！」と想像以上のうれしい反応をいただき、手ごたえを感じました。この経験から、甘酒を料理に積極的に取り入れるようになりましたし、発酵食に特化した料理教室を開こうと決めたのです。

大根もち

材料／8個分

大根…1/3本
しょうが…1かけ
かたくり粉…大さじ3
油…大さじ2
A 甘酒(粒なし)…大さじ1
　しょうゆ…大さじ1

作り方

1 大根としょうがをすりおろし、水けを軽くしぼったらボウルに入れてかたくり粉と混ぜ合わせる。
2 フライパンに油を入れて中火で熱する。1を8等分にし、5cmくらいの大きさに広げ表面を平らにして焼く。
3 生地のふちが透明になってきたら裏返すサイン。両面がこんがりするまで焼き、一度取り出す。
4 キッチンペーパーでフライパンの油をふき取ったら、Aを入れる。ふつふつとしてきたら3を戻してからめる。

トマトカクテル

◎ 材料／1人分

甘酒…100ml
トマトジュース…100ml

◎ 作り方

材料を混ぜ合わせるだけ。氷を入れると飲みやすい。

旅には欠かせないホッとする組み合わせ

のりのみそ汁

大学生の頃から旅をするのが好きで、バイト代はほぼ旅行にあてていました。国内外を旅し、その土地のおいしいものを食べるのが楽しみのひとつです。食いしん坊というのもありますが、仕事のアイデアに結びつき、新しいレシピに活かされています。それに、知らない土地に行くだけでワクワクして、人生が豊かになりますよね。

旅で困るのが、体調が悪くなったときです。家にいても胃の調子が悪い、だるいときは、おかゆかみそ汁くらいしか食べる気力がわかないもの。海外では、日本のようにちょっとしたお惣菜やうどん・そばのような温かくて小腹を満たす食事がほとんどないし、かといってホテルでは料理をする設備もありません。だから、私は手作りのみそを必ず持って旅に出ます。ポットがなくても、お湯はフロントに言えばもらえますから簡単にみそ汁が作れます。食べ過ぎたときや、体が冷え切ってしまったとき（バスタブがないホテルも多いので）にも、汁物があれば心底ホッとできるんです。根っからのみそ好きですし。

のりはかさばらないし、お汁の具にもなり、おにぎりもできる。おかゆにも合うので、みそと一緒に旅の必需品になりました。

材料／1人分

みそ…大さじ1
お湯…150ml
のり…1〜2枚

作り方

カップにみそとちぎったのりを入れ、お湯を注いでよく混ぜる。

COLUMN I

体と心をととのえる我が家の手作り調味料

病気になったころ、巷《ちまた》では腸活ブームが起きていました。腸内環境をととのえれば痩せる、肌がきれいになると各メディアがこぞって取り上げていた記憶があります。

私はみそがガン予防にいいと知り、体の調子を戻したいという気持ちで、発酵食を取り入れるように。といっても、子どもの頃から慣れ親しんだ和食には自然と発酵食が使われていたので、その素材にこだわるようになりました。

みそやしょうゆなど市販の調味料の原材料をチェックすると、そこにはカラメル色素や甘味料など添加物が入っています。一切口にしないことは難しいけれど、少しでも減らしたいという思いから調味料も手作りするように。体が喜ぶものを作ることが、心の安定剤でもありました。

手作りの発酵調味料は、自分の手の常在菌が付着することで、自分の腸にぴったり合うものができ、体を守るパワーが強くなります。

発酵調味料を使うようになり、体がいつも軽い感じがしますし、肌の調子もよくなりました。夫も頭痛持ちで鎮痛剤が手放せなかったのですが、私の料理を食べるようになってからウソのように不調が消えていったそうです。夫は11歳年上なのですが、日に日に若々しくなっている気がします。

手軽に始められるのが、塩麹です。材料は塩と麹、水だけ。塩麹だけだと味がぼやけるので、塩やしょうゆ、酢を合わせるようにしています。食材のうまみを引き出してくれるから下味にも便利。

熟成期間をぐっと短くした「2週間でできるみそ」。ファスナー付き保存袋に入れて発酵させるから、スペースをとらないのがいいところ。海外のレッスンでも人気でした。

そら豆100gをゆで、薄皮をむいてペースト状につぶします。粉唐辛子と米麹それぞれ10g、みそ30gとよく混ぜ合わせて密閉袋に入れ、冷蔵庫で2〜3カ月寝かせて作ります。初夏の楽しみです。

麹にしょうゆを注ぎ、よくかき混ぜて常温で約1週間おくだけ。発酵したら冷蔵庫保存に。熱を加えると甘みが増すので、炒め物と相性抜群。コクがあるので、そのままたれとして使うことも。

煮立ててアルコールを飛ばしたみりん200mlと、しょうゆ200ml、甜菜糖小さじ2を混ぜ合わせただけ。だし(昆布やかつお節)を加えるとさらにうまみが増しておいしくいただけます。

しょうゆ350ml、酢250ml、みりん150mlを混ぜ合わせたもの。ゆずやすだちなどの柑橘果汁を入れるとさわやかに。昆布やかつお節をだしパックに入れてポン酢に加えておくとうまみが増す。

#02

"しんどい"けど作りたくなるお手軽レシピ

「しんどい」のになぜ料理をするの？
レトルトやデリバリーで済ませれば簡単なのに、
わざわざ料理をするなんて……。
そう思われる方のほうが多いかもしれません。

そうですよね、しんどければ手抜きをすればいい。
だけど、私は料理をすることを選ぶんです。
もともと病気を治したい、
健康な体になりたいと思って取り組んできた料理。
しんどいからこそ、自分の体が喜ぶものを作って
癒やしたいと思ってしまうんです。
それに、元気がないときでも料理をしていると、
その瞬間はしんどいことや悩みを忘れられるもの。
もちろん手の込んだものは大変なので、
素材も工程も極力シンプルに。
無理せず、頑張らずに作れる
引き算レシピを集めました。

料理を作っているうちに元気が出てくる
夫の「おいしい」のひと言も原動力に

正直言って、元気がないときでも料理をしている間に元気が出てくるのが私。たぶん、意識が「しんどい」とか「悩んでいること」よりも「料理」にフォーカスされ、作っている間にしんどさを一旦忘れてしまうんです。ただ、料理が終わった瞬間しんどさが戻ってくるので、できあがった料理は「おいしい」と夫に言ってもらいたい、絶対に！　じゃないと頑張った甲斐がないので、戦略的に夫の好きなものを作ることが多くなります。「今週はしんどそう」と予想できるときには、一番手軽にできて間違いないレシピの材料を買っておくようにしています。例えば、豚キムチ。豚バラとキムチだけを買えばいい。お肉は絶対に豚バラで、パックを見比べて脂肪の多めのものを選びます。他の部位だと脂身が物足りないんです。常備してある玉ねぎを入れることで甘みが加わり、辛いキムチとのコントラストで、どんどん食べすすめられて夫も大満足です。

料理は瞑想みたいなものです。悩みや考え事など全て忘れて夢中になれる。丁寧に向き合って愛情込めれば、おいしく美しい料理ができますが、心に余裕がないときは、それが料理に現れてしまいます。同じ料理でも、作るときの自分の気持ちによって味が変わるし、私のレシピを誰かが作ったら、また少し違う味になるもの。自分と向き合うためのツールなんです、料理って。

　私はしんどいときほど、もっとこうしたい、こんなものが食べたいとひらめきが冴《さ》えるときがあります。新しいレシピも意外としんどいときに生まれることが多いんですよ。

「食べる」立場においては、誰と、どこで、どんな気持ちで食べるかが、何を食べるか以上に大事だと思います。いくら健康的な料理でも、スマホを見ながらひとりでかき込むように食べてしまっては、おいしく感じることができないし、体の栄養にもならないと思うんです。だから、何を食べるかはもちろん大事だけれど、家族や友人と食卓を囲んで楽しい話をしながら食べるとか、ひとりごはんならＢＧＭに心地よい音楽でも流して、ゆっくり噛んで味わうとか、時間と心の余裕をいつも持っていたいものです。

　しんどいときほど大切なのは、料理の腕前ではなく、ごはんに「向き合う心」なのではないでしょうか。何かうれしいことが起きるから幸せになれるんじゃなくて、すでに目の前にある幸せにもっと気づいて感じられるようになれば、人生は豊かになるんだと思います。

豚キムチは材料も味付けもシンプル。腸内環境がととのえられるから、体もうれしい！

包丁いらず ● かつお節のガパオライス

女性はホルモンの影響を受け、週単位で体の調子が変化するものです。急に落ち込むこともあれば、もういいや！　と目の前の仕事を投げ出して、早退してしまおうかと思うことも……。実際にはそんなことはできず、踏ん張りながら仕事を終え、ヘトヘトになりながら帰路につくのです。

何か食べたいけれど面倒。でも、おいしいものが食べたい。でも、あれこれ食材を集めるのも大変だし、手の込んだ料理は無理。そんなときにぴったりなのが、包丁いらずのガパオライスです。

バジルは免疫力を高めるβカロテン、抗酸化作用のあるビタミンEが豊富。胃腸を整える作用もあるので、疲れた日にはもってこいの食材です。ナンプラーは発酵調味料のひとつ。唐辛子を使用していないので、辛みがなく疲れた胃腸にもやさしい一皿。

ひとつかみのかつお節がいい仕事をしてくれて、うまみとコクがプラスされ、エスニックと和風のいいとこどりに。

目玉焼きは黄身がほぼ生の状態にし、ご飯と具にとろりとからませて召し上がれ！

材料／2人分

豚ひき肉…200g
バジル…10枚程度
かつお節…ひとつまみ
油…大さじ1
にんにく(チューブ)…5cm
A しょうゆ…大さじ1
  酒…大さじ1
  ナンプラー…大さじ½
  メープルシロップ…小さじ1
卵 … 2個
ご飯

作り方

1 フライパンに油とにんにくを入れて熱し、豚ひき肉を加えて赤みがなくなるまで炒める。
2 Aを入れ、汁けがなくなるまで炒める。
3 バジルをちぎって加え、かつお節を入れて全体をざっと炒め合わせる。
4 皿にご飯を盛り、3をかける。半熟の目玉焼きを作ってのせる。お好みでにんじんラペなど薬味を添えて。

炊飯器で炊くだけ ● ごぼうとベーコンのピラフ

「ピラフ」という響きだけで、ワクワクしませんか？　でも、生米を炒めてスープで炊く工程は、しんどい日にはパスしたくなるもの。本格的に作るのは面倒でも、炊飯器を使って炊き込みご飯風にすれば簡単にできちゃいます。

味がついたごはんって、ごちそう感が増しますよね。子どもの頃に祖母が作ってくれた茶飯《ちゃめし》でさえも、ウキウキしていた記憶があります。学校の給食で炊き込みご飯が出る日も楽しみだったな。

炊き込みご飯のいいところは、おかずがたくさんなくても満足できるところにもあります。あれもこれも作らなくてはとなると大変ですから。

ゴロゴロのごぼうとベーコンが入ったピラフは食べ応えがあり、前日の残りおかずや常備菜を添えれば十分です。ごぼうには食物繊維とオリゴ糖が豊富に含まれているので、腸の働きをよくしてくれます。ベーコンから出るいいだしをお米がしっかり吸ってくれるので、味は間違いなし！　塩麹を入れることで冷めてもおいしくいただけます。休日のランチにいかがですか？

材料／2人分

米… 1合
水…180ml
ごぼう…⅓本
ベーコン(かたまり)…30g
玉ねぎ…¼個
塩麹…大さじ1
オリーブ油…小さじ1
パセリ…適量

作り方

1 ごぼうは皮をこそげ、1cmの角切りにして水にさらす。ベーコンは1cmの角切り、玉ねぎはみじん切りにする。
2 炊飯器もしくは土鍋に米と水、塩麹、オリーブ油、1を入れて炊く。
3 皿に盛り付け、パセリを散らす。

1袋を使い切り ● もやしまるごとあんかけ

みなさん、もやしってよく買いますか？　価格変動が少なく、安く手に入る節約食材の代表ですが、私はもやしを買うのが苦手でした。なぜって、買った翌日には使い切らないとダメになるし、かといって冷凍すればベチャッとして使いにくくなるからです。１袋を使い切る献立を考えてから買わないと、ムダにしてしまうような気がして、手がのびませんでした。メインというより、脇役のイメージですし、使い切るとしたらナムルや鍋でしょうか。

とはいえ物価高で、野菜も高騰している時代。「もやしを使ったおすすめ料理はありますか？」というお声が届きます。私がもやしを操るならと考えた結果、簡単で満足度の高いメインおかずができました。

野菜がたっぷりとれて、体が温まるあんかけです。もやしにかたくり粉をまとわせることでダマにならず、とろ〜りとしたあんかけが作れます。汁物的な役割も果たしてくれるので、ご飯とこれだけでおなかが満たされます。元気がないけど、温かいものが食べたい、そんな時に作ってもらえたらうれしいです。あんかけ丼にすれば、洗い物も減りますよ。

材料／2人分

豚こま切れ肉…150g
もやし…１袋
しょうが…½かけ
かたくり粉…大さじ2
小松菜…１株
にんじん…¼本
油…大さじ1
水…300ml
塩、こしょう…適量
A しょうゆ…大さじ3
　みりん…大さじ1
　酒…大さじ2

作り方

1 豚こま切れ肉を2cm幅に切り、塩、こしょうをふってもみ込む。
2 もやしの袋を開け、かたくり粉を入れて全体になじませる。にんじんは細切り、小松菜は3cm幅に切る。
3 フライパンに油と千切りにしたしょうがを入れて熱し、1を加えて炒める。
4 にんじんを加えて色鮮やかになるまで炒め、水を加えて強火にして沸騰させる。
5 アクを取り、Aと小松菜、もやしを入れて全体を大きく混ぜ、とろみがついたらできあがり。

煮詰めおろしポン酢で食べる
しっとり鶏むね

うまみとコクが濃縮されたポン酢しょうゆを大根おろしがあますところなく吸い込み、ご飯がすすむおかずに。みりんを加えるのがポイントです。

◎材料／2人分

鶏むね肉…１枚(300g)		みりん…大さじ$\frac{1}{2}$
A	しょうゆ…大さじ2	水…140ml
	酢…大さじ$1\frac{1}{2}$	大根…$\frac{1}{4}$本

◎作り方

1 フォークで鶏肉の両面にまんべんなく穴を開ける。

2 フライパンにAを入れ、鶏肉は皮目を下にして入れる。蓋をして中火で５分加熱する。

3 鶏肉をひっくり返し、蓋をしてさらに中火で５分煮る。火を止め、蓋をしたまま10分放置し、余熱で火を通す。

4 鶏肉を取り出し、食べやすい大きさに切る。

5 フライパンに残った調味液を強火で煮詰める。とろみが出たら火を止める。

6 大根をすりおろし、水けをしっかりきって5に加えて混ぜ合わせる。器に盛った鶏肉の上にかける。

3つの材料でボリューム満点

三宝菜

焼肉用の厚切り豚バラのおかげで、油あげを使ってカサ増ししているのに「節約感ゼロ」がうれしい。葉物はチンゲン菜や小松菜に代えても。

材料／2人分

豚バラ肉(厚切り)…150g
白菜…¼個
油あげ…１枚
かたくり粉…小さじ2
塩…ふたつまみ
油…大さじ½

A
塩麹…大さじ1
しょうゆ…小さじ1
ナンプラー…小さじ1
酒…大さじ2
水…大さじ2

作り方

1 油あげは3cmの角切りにし、かたくり粉をまぶす。
2 フライパンに一口大に切った白菜を入れ、その上に一口大に切った豚バラ肉をのせ、塩と油をまわしかける。蓋をして弱めの中火で蒸し焼きにする。
3 1と混ぜ合わせたAを入れ、強火にする。混ぜ合わせ、調味料にとろみがついたら完成。

ホッと温まる

焦がしキャベツと豚バラの無水蒸し

季節の変わり目はなんだか不調になりがち。そんなときは、お鍋ほど熱々の汁物でもなければ、炒め物よりも少し温まりたくて無水蒸しが活躍します。

材料／2人分

キャベツ…½個	A	しょうゆ…大さじ2
豚バラ肉…200g		酢…大さじ1
酒…大さじ1		はちみつ…小さじ1
塩昆布…8g		すりおろししょうが…10g
		レモン汁…小さじ1

作り方

1 ざく切りにしたキャベツ⅓を鍋に敷きつめる。その上に5cm幅に切った豚バラ肉⅓をのせ、塩昆布⅓をパラパラとふりかける。キャベツ、豚バラ肉、塩昆布の順で3層重ねる。

2 酒をまわしかけ、蓋をして弱めの中火で10～15分蒸す。

3 Aを混ぜ合わせてたれを作り、お好みの量をかけていただく。

ポカポカ温活

かぶの そぼろあんかけ

冷えた体を内側から温めるにはあんかけがおすすめ。くずにはイソフラボンやサポニンが豊富に含まれていて、女性の不調改善にぴったり。

◎ 材料／2人分

豚ひき肉…150g	みりん…大さじ2
くず粉…大さじ2	酒…大さじ2
かぶ…4個	しょうゆ…大さじ2
水…400ml	塩…ふたつまみ

◎ 作り方

1 豚ひき肉にお湯をかけてアクをとる。水気を切り、粗熱がとれてからくず粉を全体にまぶす。

2 鍋に皮をむいて食べやすい大きさに切ったかぶ、水、みりん、酒を入れて中火にかける。沸騰したら弱火にし、かぶに8割くらい火が通るまで煮る。

3 しょうゆと1を入れ、煮汁に透明感が出るまで弱火で熱する。

4 塩を入れて味をととのえる。

材料はたったひとつ●なすみそ炒め

みなさんのなす料理の定番はなんですか？　私は、なすを買うと豚バラで肉巻きにしたり、ひき肉と合わせて麻婆なすにしたりと、あくまで〝脇役〟として使うことが多かったんです。しかし、「なすみそ炒め」はなすが主役。

あれこれ足していくよりも、最近は引き算が心地よく感じます。材料盛りだくさんで華やかな料理は、なんだか少し重たい。アクセサリーを重ねづけするとやり過ぎな気がする。文章だって、限りなくそぎ落とすほうが、言いたいことが伝わるもの。引き算するほど心も体も軽くなり、自分の真ん中にいられる気がするんです。素材や工程にこだわってシンプルで少ない物だけを所有するのが、時代の空気感にも合っているなって思います。

ほどよく油を吸った甘辛味のなすは、これだけでご飯がすすみ、何度食卓に出てきても飽きずにおいしく食べられます。フライパンに残ったみそだれがもったいなくて、ご飯を炒めてみたら祖母の味を思い出しました。香ばしいみそとなすの風味をまとった炒めご飯もごちそうです。

材料／2人分

なす…400g
塩…小さじ½
油…大さじ4
A｜みそ…大さじ4
　｜メープルシロップ…大さじ1
　｜酒…大さじ1
　｜みりん…大さじ1

作り方

1 ボウルにAを入れ、よく混ぜ合わせる。
2 食べやすい大きさに切ったなすをフライパンに入れる。油と塩を全体にふりかけ、蓋をして弱めの中火でしんなりするまで蒸し焼きにする。
3 1を入れてふつふつするまで中火で熱し、全体にやさしくからめる。

もう1品 ● フライパンに残ったみそだれでご飯を炒める。

揚げ物のお供にぴったり

白菜りんご

ガッツリ系のお肉料理のときは、りんごを使ったサラダを添えます。さっぱりしますし、胃腸をととのえる作用も。

◎材料／2人分

白菜…1/8個
塩麹…大さじ1/2
りんご…1/4個

◎作り方

1 3cm幅に切った白菜を塩麹でもみ、10分おく。
2 白菜の水けをしぼり、スライスしたりんごと和える。

お疲れな日でも食欲をそそる

ツナと小松菜のカレー蒸し炒め

どの家庭にもきっと常備しているであろうツナ缶を使ったボリューミーな副菜。サバ缶を使ってもおいしい！

◎材料／2人分

小松菜…1束
ツナ缶(オイル漬け)…1個
カレー粉…小さじ1
酒…大さじ1
塩…ひとつまみ

◎作り方

1 ツナ缶のなかにカレー粉を入れ、よく混ぜ合わせる。
2 フライパンにざく切りにした小松菜を入れる。その上に1と酒、塩を入れ、蓋をして中火にかける。
3 蓋のすき間から湯気が立ったら蓋をあけ、ざっと全体を混ぜ合わせれば完成。

焼くだけでごちそうに

新玉ねぎのレモンペッパーステーキ

お酒を飲みたい気分のときに、おつまみとしてぴったり。新玉ねぎは、弱めの中火でじっくりと焼くことで甘みが増しておいしくなります。

材料／2人分

新玉ねぎ…１個
塩…ひとつまみ
黒こしょう…適量
かたくり粉…適量
オリーブ油…大さじ１
酒…大さじ１

［みそレモンこしょう］
みそ…大さじ１
レモン汁…小さじ１
レモンの皮(みじん切り)…適量
黒こしょう…適量

作り方

1 新玉ねぎは横半分に切り、断面に塩と黒こしょうをかけてからかたくり粉をなじませる。
2 フライパンにオリーブ油を熱し、1の断面を下にして入れ、焦げ目がつくまで弱めの中火でじっくりと焼く。
3 形がくずれないようにフライ返しで慎重にひっくり返し、酒を入れてすぐに蓋をして蒸し焼きにする。玉ねぎのふちがトロッとやわらかくなったら完成。
4 みそレモンこしょうの材料を混ぜ合わせ、添える。

#03

元気があるときに作っておきたい投資おかず

毎日の食事作り、献立を考えるだけでも大変だし、作る時間を捻出するためにタイムスケジュールを組むこともひと仕事では？

共働き家庭で育ったので、母が苦労している姿を

子どもながらに心配していました。
今は男性だって家事をする時代ですが、
どうしても女性に負担がかかってきますよね。
少しでも平日の食事作りをラクにするため
週末にまとめて常備菜を
たくさん作り置きする方もいます。
でも、私はその日の気分を優先させたくて
今まで作り置きが苦手でした。
けれど、しんどい日にイチから全て作るのは
しんどさが増します。
だから、最近は元気な私からのしんどい日への
贈り物として副菜を作るようになったのです。

その日の気分を優先したいから献立を前もって決めるのが苦手です

根っからの食いしん坊なので、どんなおいしいものを作って食べようかと四六時中考えています。朝から夕食のことを考えはじめることもありますが、朝時点ではこっくりしたしょうゆ味が食べたいなぁと思っていても、日中暑くてヘロヘロになってしまったら、さっぱりしたお刺身を買ってきてパッと済ませたくなるときもあります。

買い物は絶対に計画通りになりません。今夜はから揚げにしようと思いながらスーパーに行くと、新鮮なアジが目に飛び込んできて、南蛮漬けにしたらおいしそうだなぁなんて想像し、すっかり心も胃袋も旨すっぱい気分になってしまう、なんてことは日常茶飯事です。こうして、献立計画はあっという間に崩壊するので、考えるだけムダと割り切っていますし、今一番食べたいものを作るのが、最高のごちそうだと思っています。そう、私はそのときの気分が優先なのです。

どんな風に買い物をし、献立を組み立てているかというとライブ感満載。野菜は新鮮で旬のものを買っておきます。意識しているのが色です。

葉物の緑、かぼちゃやズッキーニの黄色、トマトやラディッシュの赤など食卓にきれいな色が入るようにしています。主食代わりになるいも類も欠かせません。メインおかずに使う肉や魚は1～2日以内に使い切れるものを数種類選びます。肉なら薄切り肉のように万能に使えるものと、かたまり肉のように塩漬けをしておけば数日後に使えるもの、煮込んでスープにするとおいしい骨付き肉と、用途の違うものを買います。

冷蔵庫にあるもので何が作れるかを考えるのは、中学生から変わらないことです。一番おなかが求めている料理が作れる気がするんです。肉や魚でメインのおかずを考え、その味付けやボリューム感をもとにサブおかずでバランスをとるようにしています。体調によっても食べたい料理の調理法や味付けは変わるものです。お昼に食べ過ぎて胃が重いから、夜はおかゆに梅干し、蒸し野菜にお塩をつけて、シンプルにしようとか。

冷蔵庫の中身を見て献立を考える習慣が身につくと、使い切れない食材がほとんど出ません。うまく食材を使いこなして冷蔵庫がどんどんスカスカになっていくのは、とても気持ちが良いものです。そして、スカスカになった冷蔵庫に、旬の野菜や新鮮な肉と魚を入れて「今度は何作ろうかな」と想像するのが大好きです。その冷蔵庫の片隅におひたしや酢漬けなどのホッとする副菜があると安心するようになったのは、年を重ねしんどい日が少しずつ増えたからでしょうか。

千切り器を使えばスイスイ切れるので、実は簡単な「にんじんラペ」。常備菜の定番。

洋風の味付けで用途が広がる

ひじきの
ペペロンチーノ

甘辛く煮るよりもアレンジしやすく、万能調味料のように使えます。しかも鉄分豊富なひじきは女性の味方です。

◎材料／作りやすい量

芽ひじき（乾燥）… 1袋（14g）
オリーブ油…大さじ1½
米油…大さじ1½
にんにく… 1かけ
鷹の爪…適量
塩…小さじ1

◎作り方

1 ひじきはたっぷりの水で戻し、ざるに上げて水けをきる。
2 フライパンにオリーブ油と米油、スライスしたにんにく、鷹の爪を入れて弱めの中火で熱する。
3 にんにくの香りが立ったら火を止め、1と塩を入れる。再び火をつけ1～2分中火で炒める。
4 保存容器に入れ、冷ましてから冷蔵庫で保存する。

▶**アレンジ1**

冷蔵庫一掃のっけめん

◎作り方

中途半端に残った副菜と一緒にそうめんにのっけるだけ。パスタやうどんでもOK。

▶**アレンジ2**

にんじんとひじきのサラダ

◎作り方

千切りにしたにんじんと薄切りにした赤玉ねぎ、ひじきのペペロンチーノを和える。

▶**アレンジ3**

菜の花とひじきのペペロンチーノ和え

◎作り方

菜の花をゆでて、冷ましてから水けをきり、ひじきのペペロンチーノと和える。ほうれん草や小松菜、もやしとも相性がいい。

ご自愛にぴったりな健康食

酢玉ねぎ

疲労回復や血液サラサラ効果が期待でき、日持ちもするのでたっぷり作っておきたい一品。口直しにもぴったり。

◎ 材料／作りやすい量

玉ねぎ… 1個

A	酢…120ml
	甘酒…大さじ3
	塩…ふたつまみ

◎ 作り方

1 玉ねぎは繊維に逆らって薄切りにする。
2 保存容器に1とAを入れて混ぜ合わせる。
3 冷蔵庫で一晩おけばできあがり。

▶アレンジ1

納豆酢玉ねぎ

◎ 作り方

納豆に酢玉ねぎを合わせるだけ。血液サラサラ、腸内環境を整えるのにぴったりな組み合わせ。

▶アレンジ2

酢玉ねぎのツナマヨ

◎ 作り方

油をきったツナ（1缶）とマヨネーズ大さじ1、酢玉ねぎ80gを混ぜ合わせる。お好みで黒こしょうをふって。

▶アレンジ3

チキンソテーの酢玉ねぎソース

◎ 作り方

酢玉ねぎ80gとしょうゆ大さじ1を合わせ、チキンソテーにかける。

食感が楽しい
コーンそぼろ

そぼろは組み合わせ次第で無限の可能性を秘めたお助けレシピです。とうもろこしの代わりにたけのこも相性抜群。

◎材料／作りやすい量

ホールコーン缶…80g(生のとうもろこし1本でも)
鶏ひき肉…250g
A　水…100ml
　　みそ…大さじ2
　　酒…大さじ2
　　みりん…大さじ2
しょうゆ…大さじ½

◎作り方

1 フライパンにAを入れてよく混ぜ合わせ、みそをとかす。
2 ひき肉を入れ、菜箸4本を使ってポロポロになるまでほぐす。
3 火をつけ中火で熱し、ひき肉に火が通ったら汁けをきったコーン缶としょうゆを入れて混ぜる。
4 弱めの中火にし、時々混ぜながら煮詰める。菜箸でスーッと線が引ける程度まで煮詰まったら完成。

地味だけど滋味

しいたけとわかめの焼きびたし

脇役同士の組み合わせが主役に変身。心がざわつき、体がしんどいときにだしのうまみがしみわたります。

◎ 材料／作りやすい量

しいたけ… 6〜7個
塩蔵わかめ…30g
A ゆずこしょう…小さじ$\frac{1}{4}$
　ポン酢しょうゆ…40ml
　水またはだし汁…20ml

◎ 作り方

1 しいたけは軸をとり、四つ切りにする。魚焼きグリルにアルミホイルを敷いて、その上にしいたけを並べて中火で３分焼く。
2 わかめは何度か水を変えて塩を洗い流し、水で戻す。食べやすい長さに切る。
3 ボウルにAを入れ、よく混ぜ合わせる。1と2を加えて和える。

衣をつけてから冷凍すればから揚げも苦にならない

揚げ物は片付けが大変で、家ではあまりしないという人が多いのでは。しかも、しんどいときには絶対したくない料理のひとつだと思います。

もともと油に拒否反応があった私ですから、お店で食べるのもうーん……と躊躇《ちゅうちょ》してしまうメニュー。ただ、香川で暮らすようになり、うどん屋さんに行けば天ぷらも一緒に食べたくなって口にしていました。だけど、そのあとは胃の調子が悪くなり、揚げ物はたまーにがいいし、家で自分が選んだ油で揚げるのが一番だと思うようになりました。

老若男女、嫌いな人はいないのでは？ という大定番おかずといえば、から揚げです。私も何度も作ってきましたし、各家庭の味がありますよね。これが正解というものがないけれど、〝私だけの正解〟をようやく見つけることができました。

調味料をひとつひとつ順番にもみ込んでいくことで味が決まるのです。この作業は面倒なので、元気があるときにやっておきましょう。下味をつけた段階で冷凍してもいいですし、衣をつけてからでも大丈夫です。

もう迷わない！ これが私の鶏のから揚げ

◎ 材料／作りやすい量

鶏もも肉…400g
塩…小さじ1弱(重量の1%)
こしょう…少々
しょうが…1かけ
にんにく…1かけ
酒…大さじ1
しょうゆ…大さじ½
米粉または小麦粉…適量
かたくり粉…適量
揚げ油…適量

◎ 作り方

1 ボウルに一口大に切った鶏肉を入れ、塩、こしょうをしてもみ込む。
2 おろししょうがとにんにくを加え、さらにもみ込む。
3 酒、しょうゆを入れてもみ込む。
4 **3**の鶏肉ひとつずつに米粉または小麦粉をまぶし、余分な粉をふるい落とす。
5 鶏肉の赤みが見えないくらい、かたくり粉をギュッと押しつける。
6 鍋に揚げ油を2cm程度入れ、160度に熱する。**5**を入れ、1分30秒たったらひっくり返し、さらに1分30秒揚げたら一度取り出す。
7 火を強めて180度にし、再び油の中に鶏肉を入れて1分揚げる。

だしがらを活用

昆布の梅みりん煮

梅干しの酸味がほんのりきいた箸休め。昆布も梅干しも疲労回復にもってこい。お弁当のおかずにもどうぞ。

材料／作りやすい量

昆布… 1枚（だしをとったあとで、40gが目安）
みりん…40ml
梅干し…1個

作り方

1 昆布を2cmの角切りにする。
2 小鍋に1とみりん、種をとってちぎった梅干しを入れて中火にかける。ふつふつとするくらいが目安。
3 汁けがほとんどなくなる手前で火を止める。

だしいらずなのにうまみ薫る

のりのおひたし

だしをわざわざとるのは面倒。そんなときはのりのうまみを活用します。ぜひおいしいのりを使ってください。

◎材料／作りやすい量

さやいんげん…80g
塩…小さじ½
焼きのり…八切り2枚
しょうゆ…小さじ1
みりん…大さじ½
水…大さじ2

◎作り方

1 さやいんげんは筋をとり、塩をふってこすりつけるようにしうぶ毛をとる。塩がついたまま1〜2分ゆでる。食べやすい大きさに切る。
2 小鍋にみりんと水を入れてふつふつとする火加減で1分熱する。
3 火から鍋をおろし、ちぎった焼きのりとしょうゆを入れる。
4 1を加えて全体を混ぜ合わせる。

驚くほどごはんがすすむ！

わかめと桜えびの炒めもの

むくみ解消や美肌効果、生活習慣病予防にもいいとされるわかめ。これを食べると体が喜んでいると実感できます。

◎材料／作りやすい量

塩蔵わかめ…50g
桜えび…大さじ2
にんにく…1かけ
しょうが…1かけ
ごま油…大さじ1
しょうゆ…小さじ1

◎作り方

1 わかめは塩抜きをし、水で戻してざるに上げる。食べやすい大きさに切る。
2 フライパンにごま油をひき、みじん切りにしたにんにくとしょうがを入れて弱めの中火にかける。
3 香りが出たら、1と桜えびを加えて20秒ほどさっと炒める。
4 しょうゆを入れて10秒ほど炒める。

本来の甘みが引き立つ
かぼちゃのレモン煮

みりんとレモンで煮たらさっぱりとして、ちゃんとおかずに。冷ましたほうが甘みが増すので、作り置きにどうぞ。

材料／作りやすい量

かぼちゃ…¼個
みりん…80ml
塩…ひとつまみ
レモン汁…小さじ1

作り方

1 鍋に一口大に切ったかぼちゃ、みりんと塩を入れて蓋をし、中火にかける。
2 みりんが沸き立ったら弱火にし、蓋をしたまま煮る。時々かぼちゃの上下を入れ替える。
3 かぼちゃを動かすと鍋底が見えるくらいまでみりんが蒸発したら、火を止める。
4 レモン汁を入れて完成。

隠し味はわさび
大人のコールスロー

キャベツ1玉を買っても使い切れない時にたっぷり作ってほしい一品。塩昆布とわさびでさっぱりいただけます。

材料／作りやすい量

キャベツ…¼個
にんじん…⅓本
ホールコーン…50g
塩麹…大さじ1
塩昆布…ひとつまみ
A 酢…小さじ2
マヨネーズ…大さじ1
チューブわさび…2cm

作り方

1 キャベツは細切りに、にんじんは千切りにする。
2 ボウルに1と塩麹を入れてよく混ぜ、しばらくおく。
3 別のボウルでAを混ぜ合わせる。
4 2の水けを絞り、コーンも余分な水けをふき取って3に加えて混ぜ合わせる。
5 食べる直前に塩昆布を入れて混ぜ合わせる。

3分でできる!

豆まめ塩マスタード炒め

ゆで大豆を使った高タンパクおかず。歯ごたえも楽しめて、箸が止まらないこと確実。おつまみとしても絶品です。

材料／作りやすい量

豚こま肉…100g
さやいんげん…40g
ゆで大豆…60g
オリーブ油…大さじ1
マスタード…小さじ2
塩…3～4つまみ
こしょう…適量

作り方

1 豚肉は1cm幅に切り、塩1～2つまみとこしょうで下味をつける。
2 フライパンにオリーブ油を入れて熱し、1を入れて弱めの中火で炒める。
3 豚肉に火が通ったら、1cm幅に切ったさやいんげんと、ゆで大豆を加えて炒める。さやいんげんの色が鮮やかになったら残りの塩をふり入れる。
4 マスタードを入れて全体になじませたら火を止める。

香ばしさが食欲をそそる

ピーマンとちくわのナムル

元気があるときにごまを炒っておくと、よりおいしく！　ゆでたにんじんや大根、青菜でもアレンジできます。

材料／作りやすい量

ピーマン…4個
ちくわ…2本
A しょうゆ…大さじ1
酢…大さじ1
いりごま…大さじ1
ごま油…大さじ$\frac{1}{2}$
甜菜糖…小さじ$\frac{1}{2}$

作り方

1 細切りにしたピーマンをお湯で1分ゆで、水けをきる。ちくわはピーマンに合わせて切る。
2 保存容器にAを入れて混ぜ合わせる。
3 2に1を入れてよく混ぜ合わせる。10分ほどおいて味をなじませる。

COLUMN 2

愛用お助け調理グッズ

　しんどくても台所に立つには、調理器具も大切な要素です。今は便利な道具がたくさんありますが、いわゆる時短家電というものは我が家にはほとんどありません。電子レンジもないのですから。

　そう、電子レンジがないと言うと驚かれるのですが、ほとんど食材を冷凍することがないので解凍機能はいらないし、野菜の下ゆでもお鍋があればいいので、使う機会がないのです。

　夫とのふたり暮らしですから、ご飯も食べる分だけ炊けばよく、炊飯器ではなく土鍋を使っています。写真では紹介していませんが、「かもしか道具店さんのごはんの鍋」を愛用。ご飯が余ったときはラップではなく、クッキングペーパーに包んで冷凍し、蒸し器で解凍。ふっくら炊きたてのようなご飯になるので、おすすめです。

　仕事や子育て、介護など忙しい日々を送っている人は、便利なものに頼っていいと思います。私もブレンダーがなければ困ってしまいますから。

　紹介するアイテムは、どれも使い勝手がよく、料理作りを楽しくしてくれるものばかりです。なかには10年以上愛用しているものも。台所にお気に入りの道具があるだけで気分が上がって、おいしい料理をもっと作りたくなります。

ホーロー鍋

昭和レトロな年季の入った蒸し器。高松に住みはじめたばかりのころ、リサイクルショップで購入。野菜をゆでたり、冷凍ご飯を温めるときに使用。

ストウブ

シェアハウスで一緒に暮らした友人たちから結婚祝いでいただいたストウブ。27cmのオーバル型は、4~5人分の料理を作るときに重宝します。

フードプロセッサー

ステンレス製なので軽くて洗いやすいのがいいところ。肉をミンチにしたり、ナッツを砕いたり、にんにくをみじん切りにしたりするのに便利。

ハンドブレンダー

毎日飲む甘酒スムージーを作るのに欠かせないもの。10年近く使っていても壊れず、現役です。ポタージュスープを作るのにも大活躍。

スキレット

そのままテーブルに出せて、食卓がおしゃれに。アヒージョや目玉焼き、ウィンナーを焼くときに使うことが多い。サンフランシスコで購入。

蓋付きフライパン

深さのあるフライパンは、煮る、焼く、ゆでるとマルチに使えます。蓋があるので、蒸し焼きをするときにもいい。小回りがきく22cm。

#04

小麦、乳製品なしでも心が元気になるレシピ

4～5年前、明らかに白血病とは違う体調の悪さを感じる日が多くなりました。喉から胃のあたりが熱くチクチクしたり、吹き出物ができたり、微熱が出たり……。

ある時、チーズを食べた後にその症状が現れることに気づきました。

そう、乳製品アレルギーになってしまったのです。

私を追うように夫は小麦アレルギーに。

食べられるものが制限されることは、料理を生業にする私にとって死活問題でした。

しかし、嘆いてばかりはいられません。

使えない食材があっても、おいしく食べたい欲求を抑え込むことはできないのですから。

同じ悩みを持つ人に「こうしたら、おいしいよ！」と提案できるのが私の強みになるはず。

制限があるほどアイデアもわいてくるんです！

食物アレルギーも個性のひとつと認めたら上手に付き合えるようになった

カフェでラテを飲みながら、これからやりたいことを考えたり、パン屋のイートインでコーンスープを飲んでホッと一息ついたり。ささやかだけど幸せな時間でした。しかし、乳製品アレルギーになってからは、ミルクを選べるカフェでなければ入れないし、コーンスープは諦めるしかありません。洋菓子系スイーツはほとんど食べられなくなりました。世の中にある料理やスイーツには乳製品があふれていて、アレルギー持ちにとっては、けっこう悲しい世界なのです。「おいしそう！」と思うものには、必ずと言っていいほど乳製品が入っています。

食べられないものがあると、「かわいそう」「大変だね」と言われることがよくあります。確かにしょんぼりしたときもありました。だけど、食から得られる幸せを知っている私は、落ち込んではいられません。それに、悩むよりまずはやってみるのが私の良さですから。

乳製品がないと味が決まらないと思っていた固定観念を崩し、「さぁ、どうする？」と頭をフル回転させて考える機会が増えました。遠ざけていたフレンチにも開き直って行ってみました。予約時に乳製品アレルギーと伝えていたので、一緒に行った家族にサーブされる料理と見た目は変わらず、引け目を感じることもなく堪能できました。バターやクリームを使わなくてもコクがあり、十分おいしくいただけたのです。さらに創作意欲がわきました。

アレルギーが理由でなくても、宗教によっては制約がありますし、環境や動物の命を尊重し一切口にしない食べ物がある人たちもいます。だから、食べられる人と食べられない人が同じ食卓を囲んでも、みんなで「おいしいね」と言えるレシピを提案したいと思っています。白血病になったときもそうですが、これまで知らなかった、見えなかった世界を知ることで新しい思考が生まれてきます。メリットとデメリットを天秤にかけたとき、考え方次第ではメリットのほうが多くなるもの。今では上手に付き合う方法を見出《みいだ》すことができました。それに、食べられないものがあれば外食で迷うこともなくなるし、太りにくくもなる(笑)。

最初は「つらい」と思うことも、だんだん「悪くないな」と感じ、いずれ「これでよかった」と納得してしまうことってあると思います。〝何事も考え方次第〟と、ひと言でまとめるには、まだまだ人生経験が足りないのですが、少なくとも点ではなく線で物事を考えられるようになれば、その先の人生の山も谷もきっと楽しめると思えるのです。

シェアハウス時代もよく作っていたスープ。弱っているときほど、飲みたくなるのです。

食べられないことが料理をする喜びを再び教えてくれた

アレルギーが発覚した直後、旅行でヨーロッパへ。そこで食品アレルギーがあっても、代用品でおいしく食べられる選択肢があることを知り、とてもワクワクしたのです。だって、「乳製品を使わず、いかにおいしい料理を家にあるものを中心に手軽に作れるか」ということを、自分ごととして真剣に向き合い、提案ができるのだから。それが私の個性であり、強みになると思えたのです。

制限があるほど不思議と料理をするのが楽しくなります。必然性にかられて創意工夫する過程が意外と面白く、試作を繰り返しながらイメージする味に近づける作業は私にとって喜びの時間です。

まず困るのは外食です。食べられないメニューって何だろうと考えてすぐに浮かんだのがグラタン。乳製品のオンパレード！　そこで、もともとあった酒粕グラタンレシピを改良し、「白菜とツナのグラタン」ができました。豆乳ではなくオーツミルクを使ったことで、予想外の新しい味にたどり着きました。食べ終わるのが惜しいと思うほどの幸福感を味わっていただけたらうれしいです。

ちゃんとコクがある

白菜とツナのグラタン

◎ **材料**／ 1人分

白菜…$\frac{1}{4}$個
ツナ缶(オイル漬け)… 1個
バター(ヴィーガン用)…大さじ1
米粉…大さじ1
オーツミルク…100ml
塩…ふたつまみ
こしょう…適量
とける豆乳チーズ…適量

◎ **作り方**

1 フライパンにバターを入れて熱し、ざく切りにした白菜の芯が透き通るまで炒め、汁けをきったツナを加えて混ぜる。
2 一度、火を止めてから米粉を加え、白っぽさがなくなるまでなじませたら、オーツミルク、塩、こしょうを加えてとろみがつくまで弱めの中火で熱する。
3 耐熱容器に**2**を入れ、とけるチーズをのせる。トースターでチーズがとけるまで焼く。

ワンパンで作る
ベーコンとブロッコリーのクリームスパゲッティ

ブロッコリーをたっぷり食べられて、ヘルシーなのにボリューム感満点。蓋をして蒸らしながら麺をゆでると、かたくならずもちもち食感に。

◎ 材料／1人分

スパゲッティ（1.7㎜）…80g
ベーコン…50g
ブロッコリー…60g
水…200ml
塩麹…大さじ1
にんにく…½かけ
鷹の爪…適量
オリーブ油…大さじ½
無調整豆乳…40ml
黒こしょう…適量

◎ 作り方

1 フライパンに水、半分に折ったスパゲッティ、スライスしたにんにく、ちぎった鷹の爪、塩麹を入れる。その上に1cm幅に切ったベーコン、小房に分けたブロッコリーをのせる。
2 蓋をして中火にかける。湯気が出てきたら弱火にし、表示時間通りにゆでる。
3 菜箸でスパゲッティをほぐし、豆乳を加える。
4 オリーブ油を入れ、弱火で熱しながら全体を混ぜ合わせればできあがり。お好みで黒こしょうをふっていただく。

何杯でもごはんがすすむ

豚肉とチンゲン菜の中華風クリーム煮

豚こま肉にかたくり粉をまぶしてから蒸し焼きにすることで、驚くほどプリっとした食感に。ほどよくとろみがつくので、一石二鳥です。

◎材料／2人分

豚こま切れ肉…150g
チンゲン菜…２株
しょうが…½かけ
かたくり粉…小さじ2
塩麹…大さじ1
酒…大さじ1
水…60ml
無調整豆乳…60ml
ごま油…適量
塩、こしょう…適量
お好みで黒こしょう、花椒

◎作り方

1 豚こま切れ肉に、塩、こしょうとかたくり粉をふり全体にもみ込む。
2 フライパンに食べやすい大きさに切ったチンゲン菜、千切りにしたしょうが、1、塩麹を入れる。水と酒を加え、蓋をして弱めの中火で蒸し焼きにする。
3 肉に火が通ったら豆乳を加え、ざっと混ぜながら弱火で煮る。とろみがついてきたら火を止める。
4 ごま油をたらして完成。お好みで黒こしょうや花椒をふっていただく。

心が満ちる

ぽってりコーンスープ

小腹が空いたとき、体が冷えたときに飲みたくなる心強い存在。豆乳やオーツミルクも使わないので、野菜の甘みをダイレクトに感じることができます。

◎材料／3〜4人分

ホールコーン缶…1個(120g)	オリーブ油…大さじ½
玉ねぎ…1個	塩…小さじ1
にんじん…⅓本	こしょう…適量
白ねぎ…⅓本	水…400ml
	お好みで甘酒…大さじ4

◎作り方

1 コーン缶をざるに上げ、水洗いをして水けをきる。
2 にんじんは細切り、玉ねぎと白ねぎは薄切りにする。
3 鍋にオリーブ油、2、塩ひとつまみを入れ、焦がさないように弱火で10分炒める。
4 1と水200ml、残りの塩を入れ、10分煮る。水かさが半分くらいになるまで煮込んだら火を止める。
5 水200mlを加えブレンダーで撹拌する。味見をして甘さが足りない場合は、甘酒を加えて味をととのえ、さらに撹拌する。
6 弱めの中火で温め、最後に味見をして塩、こしょうで味をととのえる。

ワインにも合う

鶏肉のトマト煮込み

イタリアの料理学校で「旬のトマトは煮込むほうがおいしい」と知り、私流にアレンジ。トマトに合うのはチーズ。豆乳チーズだって負けてないんです。

◎ 材料／２人分

鶏肉(もも、むねどちらでも)…１枚(300g)	エリンギ…２本
塩…小さじ½	にんにく…½かけ
こしょう…少々	オリーブ油…大さじ１
トマト…１個	鷹の爪…適量
玉ねぎ…½個	塩麹…大さじ½
	とける豆乳チーズ…適量

◎ 作り方

1 トマトは角切り、玉ねぎは１cm幅に、エリンギは食べやすい大きさに切る。にんにくはスライス。

2 鶏肉を一口大に切り、塩、こしょうをしてもみ込む。

3 フライパンにオリーブ油を熱し、2を入れて中火で両面にほんのり焼き色がつくまで焼く。

4 1を入れて全体をざっと混ぜる。塩麹、鷹の爪を入れて蓋をし、弱めの中火で８分煮る。

5 野菜から水分が出て、全体的にほんのりオレンジ色の汁になったら、とけるチーズをのせ、蓋をしてチーズがとけるまで１～２分加熱する。

ふたりでおいしく食べられる味を試行錯誤

結婚したばかりの頃、夫は毎週のように頭痛薬を飲んでいました。どちらかといえば体の弱い人で、「食事でなんとかしてあげたい」と思うように。ただ、神経質になって食事管理をしたつもりは一切なく、手作りの発酵調味料と季節の野菜を中心としたごはんを作り続けただけです。一年ほど経った頃、気がつけば全く頭痛薬を飲まなくなっていました。

　私が乳製品アレルギーだとわかった後、夫も小麦アレルギーだと判明しました。大好きだったビールをやめてみたら眠りが深くなり、集中力がアップし、体の痒《かゆ》みが緩和したそうです。そんなわけで、我が家の食卓には小麦粉もないし、乳製品もありません。どれだけ制限の多い食事なのかと思うかもしれませんが、全くそんなことはないんです。

　例えば、衣に小麦粉が使われているから揚げは外食では食べられないのですが、時折、我が家の食卓に登場します。米粉に変えるだけで、油淋鶏《ユーリンチー》やチキン南蛮は、制限があるふたりでも「おいしいね」と言い合えるメニュー。でも、夫がいないひとりごはんのときに、パスタを食べる楽しみも忘れてはいません。

揚げずにパリッと油淋鶏

材料／2人分

鶏もも肉…1枚
塩…小さじ½
米粉…適量
かたくり粉…適量
油…大さじ2
にんにく…1かけ
[香味だれ]
　みりん…大さじ2
　しょうが…1かけ
　白ねぎ…⅕本
　A　しょうゆ…大さじ2
　　　黒酢…大さじ2
　　　ごま油…大さじ½

作り方

1 鶏もも肉は半分に切る。にんにくを半分に切り、断面を鶏もも肉の両面にこすりつける。塩を両面にまんべんなくふる。
2 米粉を1にまぶし5分おく。粉がなじんでしっとりとしたら、かたくり粉をまぶす。
3 フライパンに油をひき、火はつけずに皮目を下にして置き1で使ったにんにくものせる。
4 弱めの中火で7分焼き、裏返して2～3分焼く。
5 耐熱容器にみりんを入れ、ふつふつする火加減で1分熱して火を止める。
6 5にみじん切りにしたしょうがと白ねぎ、Aを加えて混ぜ合わせれば完成。
7 器に4を盛り、6をかけていただく。

暑い日にぴったり

トマトとキムチの冷製春雨

春雨で冷製パスタ風に。トマトのさわやかな酸味にピリッと辛いキムチが合い、食べ応えもあり。腸活やダイエットにもおすすめです。

材料／2人分

完熟トマト…１個(または、トマトジュース　100ml)
アンチョビ…２枚
キムチ…50g
オリーブ油…大さじ２
塩…小さじ¼
春雨(乾燥)…70g

作り方

1 ボウルに粗みじん切りにしたトマトとアンチョビ、キムチ、オリーブ油、塩を入れてよく混ぜ合わせ、冷蔵庫で冷やす。
2 表示時間通りに春雨をゆで、水で冷やしてしっかりと水けをきる。
3 **1**と**2**をしっかりとからめる。

酸味がきいたたれが決め手

冷やし中華

きゅうり、ハムといった王道のトッピングもいいけれど、私は冷蔵庫の残り物を組み合わせるのが好き。中華だれはしっかりと冷やすのがポイント！

◎ 材料／2人分

グルテンフリー中華麺…180g
＊具はお好みのものを
[たれ]

A
- しょうゆ…大さじ2
- 酢…大さじ2
- みりん…大さじ2
- 砂糖…大さじ2

B
- ごま油…小さじ1
- レモン汁…小さじ1
- 水…大さじ2

◎ 作り方

1 耐熱容器にAを入れ、混ぜながら中火で1分加熱。
2 火からおろし、Bを入れて混ぜる。粗熱がとれたら冷蔵庫で冷やしてから使う。
3 麺をゆで、お好みの具を用意して器に盛りつける。2をかけていただく。

COLUMN 3

これさえあれば安心！おすすめ代用品

我が家はご飯とおみそ汁に合うおかずが中心なので、小麦や乳製品がなくてもおいしく豊かな食卓を作ることができます。それでも、麺が食べたい！ と思う日もあり、夫と一緒に「おいしい」を味わいたくて、グルテンフリー麺をそろえています。

以前は、自然食品を扱う限られたお店でしか手に入らなかったものが、手軽に買えるようになったのがうれしいですね。アレルギーでもおいしく食べられる商品を見つけると、自分のままでいいと肯定してもらったように感じます。

ひと昔前よりも、食物アレルギーに対する理解が社会全体に広がってきたこともそうですし、インバウンド需要によって食の多様性が進んだことで、選択肢が増えたと実感しています。

アレルギーではないけれど、健康のためにグルテンフリーを実践している、動物性タンパク質を減らしているという人もいるでしょう。私と夫が試して、これはおいしかった！ というものをいくつかピックアップしました。ネット通販で手に入るものがほとんどです。多少お値段はしますが、何に価値を見出すかは人それぞれ。この先の健康を考え、何をチョイスするかは自分次第です。もしよかったら参考にしてください。

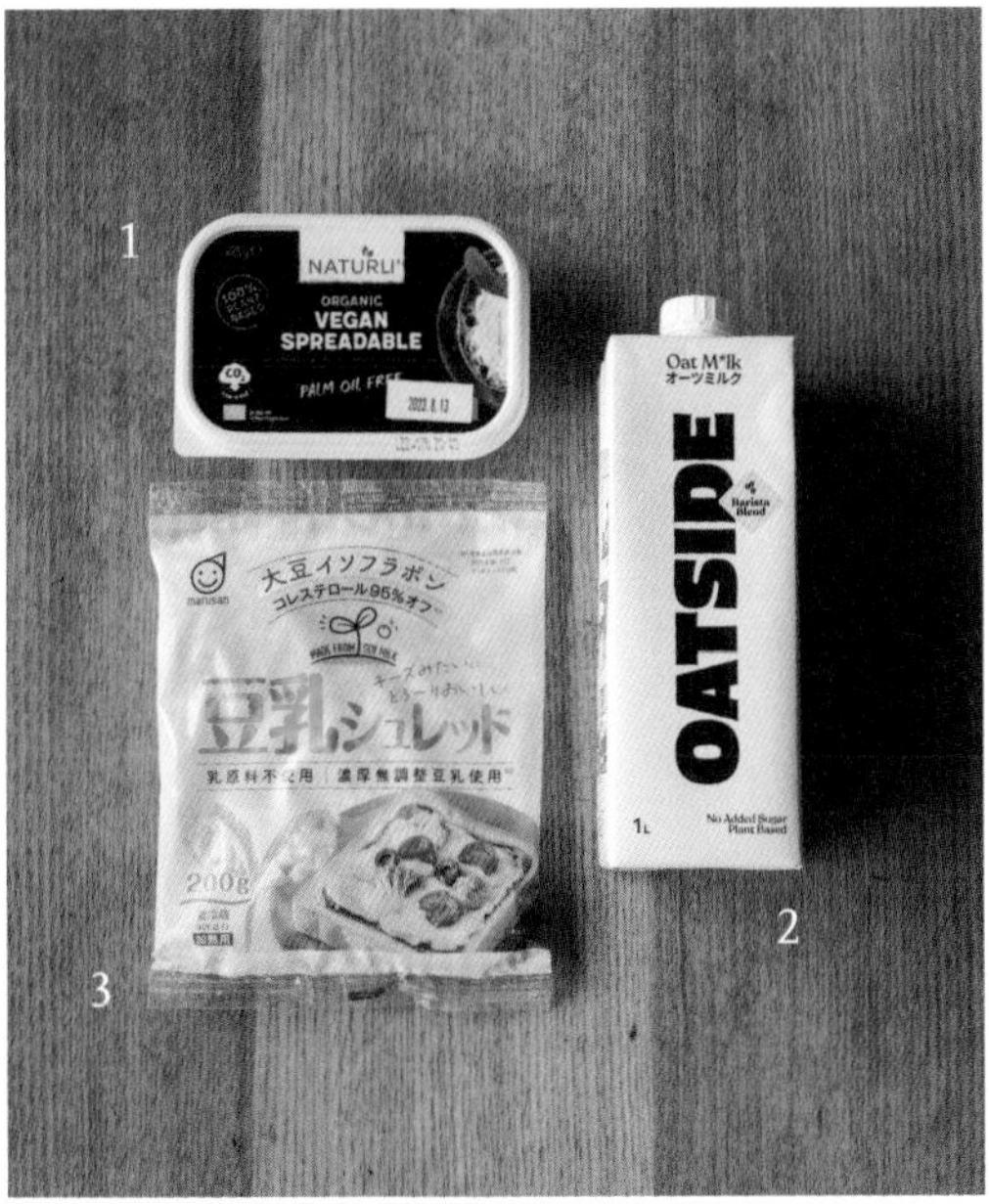

乳製品の代わりに…

豆乳やオーツミルクもうまみやコクがあり、使い勝手もいいんです。植物性にかえることで体も軽やかに。

1　ナチューリ 有機プラントベーススプレッド。ほのかにアーモンドの香りがするヴィーガンバター。
2　オーツサイドのバリスタブレンド。オーツ麦の自然な甘さを感じられるオーツミルク。
3　マルサンの豆乳シュレッド。無調整豆乳を使ったチーズ風食品。グラタンやトーストに。

小麦の代わりに…

玄米やとうもろこしを原料とした麺が豊富に出ています。代用品というより、これがいい！　となるほど。

1　大潟村あきたこまち生産者協会の小麦を使わない中華めんタイプ。おいしく、コスパもいい。
2・3　アルチェネロの有機グルテンフリースパゲッティとペンネ。とうもろこしとお米が原料。
4　グルテンフリースパゲティタイプ。国産発芽玄米を使用したもちもちの麺。1と同じメーカー。

#05

季節を楽しむ旬おかずでパワーチャージ

父は節分や冬至のゆず湯など
昔からある季節の行事を大切にしていました。
大学職員として働いていたときは、
卒業式に配られる紅白饅頭《まんじゅう》で

春の訪れを感じていました。
香川で暮らすようになるとご近所さんからの
おすそ分けや店頭に並ぶ旬の食材で
「もうそんな時期か」と、より季節を身近に感じ
「今年はどうやって食べようか」と考えるのも
楽しみのひとつになったのです。
何よりも、海なし県・埼玉で育った私にとって
瀬戸内の地魚はあらゆる意味で新鮮。
こんなにお安くていいの!?　と驚くばかり。
魚屋さんに行くのが楽しみになりました。
お店の人に調理法を聞くことで人の輪が広がり、
新しい土地にすっとなじめた気がします。

採れたての新鮮食材と発酵調味料があれば ごちそうになる贅沢な環境に感謝

その土地ならではの食文化や風習を紹介するテレビ番組を見ていると、「○○はもらうもので、使いきれないほど家にある」など、まさかそんなぁ〜と思うことが取り上げられていますよね。そのまさかに出会ったのが香川に住んでからです。義母から「なっちゃん、今朝採れたばかりのたけのこがあるんだけど、いる？」と連絡があり、「たけのこって買うものじゃないの!?」と驚きました。季節問わず、「○○あるけど、いる？」という声があちこちからかかります。埼玉や東京で暮らしていたときには考えられないことです。だって初物を買おうとすれば、値段を何度も見てしまうほど。その季節ならではのものは、シーズンに1〜2回食べられればいいくらいでしたから。

たけのこだけでなく、香川県では一年を通して旬の野菜が豊富に採れ、直売所もあちこちにあるため収穫から食卓に届くまでの時間と距離が短いのです。だから、シンプルにゆでたり、焼いたりして塩や発酵調味料を少しだけ添えて食べるだけでおいしくいただくことができます。むし

観賞用ではなく、食べられるものを育てたいとレモンをセレクト。収穫するのが楽しみ。

ろ、あれこれ手をかけるのがもったいないのです。

恥ずかしながら料理教室を開こうと考えるまで、じゃがいもといえば男爵かメークインくらいの違いしか意識していませんでした。自然に囲まれた古民家宿での料理修業のなかで、見たことのない食材に出合い、まだまだ知らない世界があるんだとワクワクしたのを覚えています。今では、じゃがいもはインカのめざめ、ながさき黄金、シャドークイーン、レッドムーンなど種類の違いがわかるし、それぞれの特徴に合わせた調理のアイデアがどんどんわいてきます。

忘れてはいけないのが、柑橘類！　香川県ではほぼ一年中なにかしらの柑橘類が採れます。果物として食べるのはもちろんのこと、レモン、すだち、だいだい、ゆずなど料理においしさを足す名脇役だらけ。我が家ではポン酢も手作りしていますが、季節によって使う柑橘を変え、果汁をたっぷり入れるのが楽しみ。無農薬のものが多く売られているので、安心して皮ごと使えるのもうれしいですね。レモンの皮をすりおろしてサラダに香りを添えたり、ゆずの皮を刻んで大根なますを作ったりしています。また、毎朝欠かせない甘酒スムージーには、季節の果物とレモンが合うんです。

家を建てるとき、小さな庭にレモンの木を植えました。意外と手がかからず、秋から春まで収穫できて食卓に華を添えてくれています。

春

Spring

ウキウキするピンク色の気分にさせてくれるのは地味だけど鳴門の生わかめ

月の満ち欠けに合わせるかのように体調の変化を感じます。これは女性ならではかもしれませんね。最近は一年の間でもこの月は体調がいい、このあたりは体調があまりよくないというサイクルがわかってきました。５年日記帳をつけているからでしょうか。過去の自分と向き合うことが日常的になっています。それで、気づいたのが、１月末から春分の日ごろまでは、低空飛行状態なんです。年末年始の疲れを引きずってい

2024 winter **飛鳥新社のベストセラー**

最新刊

変な家2 ～11の間取り図～

［著］雨《う》穴《けつ》

シリーズ累計 100万部 突破!!

978-4-86410-982-6／1,650円

社会現象を巻き起こす“間取りミステリー”待望の第2弾！

行先のない廊下、ネズミ捕りの家、逃げられないアパート……中部・北関東地方に散らばる11の奇妙な家。一見、それぞれの家は無関係に思えるが、注意深く読むと、一つのつながりが浮かび上がってくる。前作に続き、フリーライターの「筆者」と設計士・栗原のコンビが新たな謎に挑む！

シリーズ累計135万部
『おやすみ、ロジャー』シリーズ最新作！
＼たった10分で、寝かしつけ！／

おやすみ、ケニー
魔法のぐっすり絵本

カール＝ヨハン・エリーン〔著〕
三橋美穂〔監訳〕

978-4-86410-979-6／1,426円

主人公はトラクター！
みんな大好き！
乗り物の話でぐっすり

おやすみ、ロジャー
カール＝ヨハン・エリーン〔著〕
三橋美穂〔監訳〕

テレビでも多数紹介！

日本ギフト大賞も受賞！

プレゼントの定番です

心理学的
効果により
読むだけで
お子さまが
眠ります

978-4-86410-444-9
／1,426円

カール＝ヨハン・エリーンの大好評シリーズ

おやすみ、ロジャー 朗読CDブック
大人気声優の声でぐっすり！

水樹奈々 中村悠一〔朗読〕

978-4-86410-515-6／1,426円

おやすみ、エレン
第2弾はゾウさん
かわいいイラストが人気

三橋美穂〔監訳〕

978-4-86410-555-2／1,426円

だいじょうぶだよ、モリス
子どもの不安が消える絵本

中田敦彦〔訳〕

978-4-86410-666-5／1,426円

郵 便 は が き

63円切手を
お貼り
ください

101-0003

東京都千代田区一ツ橋2-4-3
光文恒産ビル2F

(株)飛鳥新社　出版部　読者カード係行

フリガナ
ご氏名

性別　男・女
年齢　　歳

フリガナ
ご住所〒

TEL　（　　）

お買い上げの書籍タイトル

ご職業
1.会社員　2.公務員　3.学生　4.自営業　5.教員　6.自由業
7.主婦　8.その他（　　）

お買い上げのショップ名　　所在地

★ご記入いただいた個人情報は、弊社出版物の資料目的以外で使用することはありません。

このたびは飛鳥新社の本をご購入いただきありがとうございます。

今後の出版物の参考にさせていただきますので、以下の質問にお答え下さい。ご協力よろしくお願いいたします。

■この本を最初に何でお知りになりましたか
1.新聞広告（　　　　　　新聞）
2.webサイトやSNSを見て（サイト名　　　　　　　　　　　　）
3.新聞・雑誌の紹介記事を読んで（紙・誌名　　　　　　　　　）
4.TV・ラジオで　5.書店で実物を見て　6.知人にすすめられて
7.その他（　　　　　　　　　　　　　　　　　　　　　　　　）

■この本をお買い求めになった動機は何ですか
1.テーマに興味があったので　2.タイトルに惹かれて
3.装丁・帯に惹かれて　4.著者に惹かれて
5.広告・書評に惹かれて　6.その他（　　　　　　　　　　　　）

■本書へのご意見・ご感想をお聞かせ下さい

■いまあなたが興味を持たれているテーマや人物をお教え下さい

※あなたのご意見・ご感想を新聞・雑誌広告や小社ホームページ上で
1.掲載してもよい　2.掲載しては困る　3.匿名ならよい

ホームページURL http://www.asukashinsha.co.jp

生わかめがおいしい季節

渦潮の激流にもまれたわかめは肉厚で、シャキシャキした歯ごたえが抜群。あっという間に鮮度が落ちるので、買った翌日には食べ切ります。


るのか、原因は定かではないのですが、元気が出てこない時期です。

そんな、なんとなく不調のなか楽しみにしているのが、生わかめです。ミネラル豊富で食物繊維も多い食材ですから、わかめは昔からよく使っていますが、たいてい塩蔵わかめか乾燥ものです。みなさん、生のわかめって食べたことありますか？ 私は、香川に住むまで、こんなにおいしいものがあるなんて知りませんでした。徳島県の特産品、鳴門わかめの新物に出合った時の衝撃は鮮明に覚えています。そのまま食べるには少し磯のかおりが強いのですが、しゃぶしゃぶのようにさっとゆがいて食べると、これが絶品！ お湯にくぐらせると鮮やかな緑にかわり、シャキシャキの食感がクセになるおいしさ。ただ、店頭に2〜3週間しか並ばないので、時期を逃さないようにしています。

この生わかめに出合えるのが、ちょうど桃の節句のころ。ハマグリのお吸い物よりも私は生わかめに恋焦がれるのです。お店で見かけると、「あー春がきたな♪」と、低空飛行ながらも世界がピンク色に見えてきます。わかめは緑ですが(笑)。

弱った体に生わかめでエネルギーを補充し、本格的な春の訪れをじっと待つのです。次にやってくるたけのこと向き合うために……。春分の日を過ぎれば、にょきにょき生えてくるたけのこのように、私も少しずつ元気になっていきます。

春の食材

たけのこ

「たけのこは買うものではなく、もらうもの」に変わったのは香川に住んでからのこと。生産量全国5位なんですよ。シーズンになると買わなくても家にあるのが普通になりました。しかも朝採れ！生でも食べられそうな新鮮なたけのこは、たけのこご飯にしたい欲を抑えつつ、焼くだけに。こんがりと焼き色がついたたけのこのビジュアルだけで、おいしさが伝わるのではないでしょうか。これって、贅沢な食べ方ですよね。

たけのこのオープンサンド

材料／1人分

たけのこの根本（生または水煮）…1cm厚
オリーブ油…大さじ½
塩…適量
黒こしょう…適量
卵…1個
6枚切り食パン…1枚
ピザソース…適量

作り方

1 生のたけのこを使う場合は下ゆでをする。フライパンにオリーブ油を熱し、たけのこの両面にこんがりと焼き目がつくまで焼き、塩、黒こしょうをふる。
2 半熟の目玉焼きを作る。
3 トーストした食パンにピザソースをぬり、1と2をのせる。

たけのこステーキ　レモンペッパー添え

材料／2人分

たけのこの穂先（生または水煮）
塩…適量
黒こしょう…適量
かたくり粉…適量
オリーブ油…大さじ1〜2
A みそ…大さじ1
　レモン汁…小さじ1
　レモンの皮（みじん切り）…適量
　黒こしょう…適量

作り方

1 生のたけのこを使う場合は下ゆでをする。たけのこの穂先を放射状に4等分に切り、塩、黒こしょうをふる。かたくり粉を全体にむらなくなじませる。
2 フライパンにオリーブ油を熱し、1を入れ中火で焼く。全体にこんがりと焼き目がつくまで焼く。
3 2を器に盛り、Aを混ぜ合わせて添える。

たけのこのオープンサンド

たけのこステーキ　レモンペッパー添え

春の食材

新玉ねぎ

玉ねぎといえば、四国のご近所・淡路島が有名で、この季節の楽しみのひとつ。甘みとシャキシャキ感を楽しめるよう、極力シンプルな料理に活用することが多くなります。

白麻婆豆腐

材料／２人分

木綿豆腐…200g
新玉ねぎ…１個
鶏ひき肉(もも)…150g
しょうが、にんにく…１かけ
豆板醤…小さじ２
ごま油…大さじ１
水…200ml
塩麹…大さじ１
かたくり粉…大さじ１
水…大さじ２
塩…ひとつまみ

作り方

1 豆腐は一口大に、玉ねぎはくし形に切る。
2 フライパンにごま油、みじん切りにしたしょうがとにんにく、豆板醤を入れ、弱めの中火で香りが立つまで熱する。
3 鶏ひき肉を加え、中火で赤みがなくなるまで炒める。
4 1と水、塩麹を加えたらやさしく混ぜながら沸くまで強火にかける。
5 火を止めてから水でといたかたくり粉を入れる。弱火にし、１分ほどやさしくかき混ぜながら熱する。
6 とろみがついたら塩で味をととのえる。器に盛り、お好みで砕いた花椒少々をかける。

春の食材

アスパラガス

瀬戸内の温暖な気候が育む甘みが強いアスパラガス。収穫直後は生でも食べられる「さぬきのめざめ」は、香川県のイチオシ食材！　目玉焼きをのせた素朴な温野菜サラダに。

アスパラガスと目玉焼きのサラダ

材料／２人分

アスパラガス…５本
バター(ヴィーガン用)…小さじ１
アンチョビ…２枚
卵…１個
油…小さじ１
黒こしょう…適量

作り方

1 アスパラガスは穂先¼を残して皮をむき、５cm幅に切る。
2 熱したフライパンにバターを入れ、とけたら1を入れて１分炒める。みじん切りにしたアンチョビを加えて30秒炒めたら、お皿に盛る。
3 フライパンに油を入れて熱し、卵を割り入れて半熟の目玉焼きを作る。2の上にのせ、黒こしょうをふりかける。

夏 Summer

弱い胃腸を助けてくれる野菜の甘酢漬けをコツコツ作るのが恒例行事

　初夏の楽しみとして梅仕事をあげる人が多いと思います。私も、毎年漬けるのですが、実はそれほど得意ではありません。初めて自分で作った梅干しは、何の工夫も知恵もなくただ本の通りにしただけなのに、それはもう最高の味でした。こんなに簡単でおいしいなら、来年も絶対漬けようと思ったものですが……。

　最近は梅仕事よりも「にんにく仕事」に力が入ります。にんにくも梅

にんにくは大量買いして漬け込む

にんにくの収穫量は全国3位の香川県。実がしっかりつまっていて香りが豊か。まとめて購入し、一気に処理するのが私の夏の仕事。

と同じ、5月から6月が出荷のピーク。直売所やスーパーに大量に並びます。しかも安い！ 手軽さでいえば、チューブタイプのにんにくを買ったほうがいいのでしょうが、生の味には勝てません。

使うたびにひとつひとつ皮をむき、刻むのは確かに面倒です。手についた臭いもとれないし、私だってしんどい日は躊躇するでしょう。だから、まとめて処理をするのです。まとめ買いをしたら、「今日はにんにくと向き合う日」と決めます。ひたすら皮をむき、まずはそのままでしょうゆ漬けにします。次にフードプロセッサーですりおろしに。そして、なるべく薄く平らに伸ばしてラップで包み、冷凍保存。使う分だけパキパキと折れるようにうすーく平らにするのがポイントです。いよいよ、刻む作業です。みじん切りと薄切りにしたら、炒め物やパスタに使うためにオイル漬けにします。保存用のオイルは米油にすると軽い仕上がりで、使い勝手がよくなります。この作業は集中できるので、もやもや悩んでいることも忘れられる瞑想時間です。

夏は、塩気があるものや、酸っぱいものが欲しくなるので、冷蔵庫を開けてらっきょう、新生姜、みょうが、玉ねぎの甘酢漬けがあると安心します。そのまま食べてもおいしいですし、和え物にしても。夏バテ予防にももってこいの常備菜です。

夏の食材
たこ

埼玉で育った私にとって魚といえば、干物。ある日のレッスンで、たこを使ったレシピを紹介したら、「いつも父が釣ってくるので買ったことがない」と生徒さんに言われ、驚いたのを覚えています。香川では、夏至から11日目の「半夏生《はんげしょう》」にたこを食べる風習が残っています。土用の丑《うし》の日と同じ感覚です。風習は抜きにしても、県産のたこはプリプリなので、いつでも食べたくなるおいしさ。トマトと和えるのもおすすめ。

たことみょうがのバターしょうゆ炒め

材料／２人分

たこ…70g
みょうが…２個
バター(ヴィーガン用)
…小さじ１
にんにくしょうゆ…小さじ１

作り方

1 フライパンにバターを熱し、薄切りにしたたこを入れてほんのりピンク色になるまで両面を焼く。
2 縦に薄切りにしたみょうがを加えて炒め、色が変わったらにんにくしょうゆを入れて混ぜ合わせる。

たこキムチ

材料／２人分

たこ…70g
キムチ…50g
ごま油…少々

作り方

ぶつ切りにしたたことキムチ、ごま油を和える。

たことみょうがの
バターしょうゆ炒め

たこキムチ

夏の食材

ズッキーニ

かぼちゃの仲間であるズッキーニ。炒めても煮てもおいしいですが、グリルで焼くと甘みが増す気がします。鮮やかな色もいいですよね。

ズッキーニのハニーマスタード和え

◎ 材料／2人分

ズッキーニ…350g
オリーブ油…大さじ2
塩…ふたつまみ
A | しょうゆ…小さじ2
　| 粒マスタード…小さじ1
　| はちみつ…小さじ1

◎ 作り方

1 ズッキーニは3cm幅のくし切りにする。アルミホイルを敷いた魚焼きグリルに並べ、オリーブ油と塩を全体にふりかけ、中火で4〜5分焼く。竹串を刺して少し抵抗感があるくらいのかたさに焼く。
2 ボウルにAを入れてよく混ぜ、1を加えて和える。

夏の食材

そら豆

店頭に並ぶのは5月の連休ごろ。有機栽培のものは少し遅れて旬がやってくるので、ちょうど暑くなるあたりに出合えます。豆板醤を作るために大量買いするのが恒例。

パリッパリ豆ちりめん

◎ 材料／２人分

そら豆…300g
スナップえんどう…100g
ちりめんじゃこ…15g
にんにく…１かけ
油…大さじ２
塩　小さじ１

◎ 作り方

1 そら豆はさやから出し、ゆでずに薄皮をむく。スナップえんどうは筋をとって３等分に切る。
2 ボウルに**1**を入れて塩をふり、10分おく。
3 フライパンに油、スライスしたにんにく、ちりめんじゃこを入れる。中火で熱し、ちりめんじゃこが少し茶色くなるまで揚げ焼きにする。
4 鍋に水400mlを入れて沸かし、**2**を塩がついたまま１分ゆでる。ざるにあげて粗熱をとる。
5 器に**4**を盛り、**3**をかける。

秋

Autumn

実りの秋の少し前
ガランとした
野菜売り場に
人生を感じる季節……

みずみずしい夏野菜を存分に堪能した後、さつまいもやかぼちゃを目にすると、季節が変わっていくのを感じます。しかし、食材のラインナップは一瞬少なくなり、今日もきのこの出番かなと思うのです。埼玉や東京で暮らしていたときは、一年中スーパーに野菜がずらりと並んでいたので、そんなことは考えもしませんでした。

物事が入れ替わる時期というのは、なんだか心がざわざわするし、

庭で育てたレモンを調味料に

黄色に色づくのは11月ごろから。毎年たくさん実をつけてくれるので、レモンには困りません。塩麹レモンにしたり、調味料としても大活躍。

ちょっとセンチメンタルになりますよね。ガランとした野菜売り場を見て、人生を考えてしまうことも。夏の疲れもあるのでしょうか。

その寂しさを埋めてくれるのが魚です。脂がのってくるいわしは、安く手に入るのでこの時期、大活躍。梅煮にしてみたら、疲れた体にしみわたり、元気がわいてきました。魚の処理が苦手という人は、魚屋さんやスーパーの鮮魚コーナーで下処理をお願いしてしまいましょう。手を抜けるところは、抜いていいんです。

女心と秋の空。新米が登場すると、寂しい気持ちも吹き飛び、あれもこれもおいしく食べたい！　という欲求がむくむくとわいてきます。さんまと栗ご飯は絶対に食べたいし、かぼちゃとさつまいもは外せないとあれこれ考えるのが楽しくなります。

さんまといえば、すだち。香川に住むまで、すだちはさんまにしか使ったことがありませんでした。しかし、徳島の友人は、「何にでもしぼってかけちゃうよ」というではありませんか。焼き物や炒め物、酢の物はわかります。こんがり焼いたピーマンにキュッとしぼったら、立派なおかずになりました。驚いたのは、炊き込みご飯やおみそ汁!!　お椀に口を近づけ湯気をゆっくり吸いこむと、秋の訪れを感じます。

柑橘類は秋からが本番。我が家のレモンもグリーンから鮮やかなイエローに色づきはじめ、収穫が楽しみになっていきます。

秋の食材

カレイ

夏から秋にかけ、産直の野菜がなくなる時期があります。その時期を「端境期《はざかいき》」と呼ぶことを香川に住んで知りました。ガランとした直売所を眺めていると、そうだ魚料理にしようと思うのです。カレイは春から秋まで手に入りますが、秋は産卵を控え脂がのっているのでおいしい季節です。煮つけにして、あとは副菜を添えれば十分。残った煮汁は捨てずに、切り干し大根やきのこの炒め物に活用しています。

カレイの煮つけ

材料／２人分

カレイ…２切れ
しょうが…１かけ
塩…ふたつまみ
A　しょうゆ…30ml
　　みりん…80ml
　　酒…100ml

作り方

1 カレイの表裏に塩をふる。10分おき、表面に浮き上がった水けをふき取る。
2 フライパンにAを入れてひと煮立させ、スライスしたしょうがと1を入れる。
3 落とし蓋をし、強めの中火で４分ほど煮る。煮汁がボコボコと沸き上がるくらいが目安。

余った煮汁を活用

作り方

煮汁を火にかけ、切り干し大根15g(水でさっと戻しておく)と半分に切ったえのきだけ100gを入れる。汁けがなくなるまで煮詰めるだけで「ごはんの友」ができちゃいます。

秋の食材

かぼちゃ

何が好き？　と聞かれたら、かぼちゃ料理全般！　と答えるほどかぼちゃが大好き。スイーツ感覚になりがちなところを、黒こしょうをピリリときかせて箸が止まらないおつまみに。

男前かぼちゃサラダ

材料／２人分

かぼちゃ…¼個
玉ねぎ…½個
ベーコン（かたまり）…40g
マヨネーズ…30g
マスタード…小さじ２
塩…適量
黒こしょう…適量

作り方

1 かぼちゃを一口大に切り、ゆでる。
2 玉ねぎは繊維を立つように薄切りにし、塩でもむ。しんなりしたら、水で洗い水けをしぼる。
3 サイコロ状に切ったベーコンをフライパンでカリッとするまで焼く。
4 ボウルに1を入れ、フォークなどで粗くつぶす。かたまりが少し残るくらいがちょうどいい。
5 2と3、マヨネーズ、マスタードを入れて混ぜ合わせる。塩、黒こしょうで味をととのえる。

秋の食材

なす

秋に外せないのは、なすですね。香川のローカル野菜・三豊なすは、丸い形が特徴で皮がやわらかいのに煮崩れしにくいんです。味もしみ込みやすいので、最高のおいしさ！

三豊なすの麻婆春雨

材料／2人分

なす…2本
豚ひき肉…200g
春雨(乾燥)…70g
しょうが…½かけ
鷹の爪…適量
ごま油…大さじ½
塩…小さじ½
酒…大さじ2
水…300ml
しょうゆ…人さじ2
みりん…大さじ1
酢…小さじ1

作り方

1 なすは食べやすい大きさに切る。
2 フライパンにごま油、みじん切りにしたしょうが、ちぎった鷹の爪を入れて弱めの中火で熱する。
3 豚ひき肉を入れて炒め、火が通ったら1を加える。酒、塩をふって蓋をして蒸し焼きにする。
4 なすがしんなりしてきたら水を加えて沸騰させ、春雨をそのまま投入。
5 春雨がやわらかくなってきたら、しょうゆとみりんを加えよく混ぜる。2～3分煮たら完成。器に盛り、あれば小ねぎを散らす。酢をかけていただく。

冬 Winter

甘い丸餅にびっくり！四角いお餅が手に入らない!!東と西の食文化の違いをまざまざと感じる

食べることが大好きなのに、胃腸が弱い私にとって大根はなくてはならない存在です。白菜と並んでお鍋のスタメンだし、すりおろしてソースのように使うのも好きです。1本使い切るのも苦ではありません。例えば、鶏団子鍋。大根の葉は刻んで、肉団子の中へ。大根をすりおろしてみぞれ鍋にすることもあれば、別添えでポン酢をかけてたれとして使うこともあります。冬の大根はみずみずしくて甘いので、いくらでも食

フレッシュな
オリーブ油は貴重

オリーブの実は10月〜11月に収穫され、その後に新物のオリーブオイルが出回ります。しかし、香川に住んでいても高価な品なので、手に入りにくいのです。

べられます。千切りにしてポン酢をかけるだけのサラダは、食べ応えがあるのに胃をやさしく包んでくれる感じがします。冬はイベントが多いので、食べ過ぎてしまうこともありますよね。そんなときは、ぜひ大根で胃腸を癒やしてあげてください。

うどんと並んで有名なのは、小豆島の高品質なオリーブオイル。通年あるものですが、冬が旬です。私も料理によく使いますが、新物はなかなか手が出ません。地元でも貴重な品なんです。10月頃に出荷されるオリーブの新漬けも残念ながら数が限られています。

冬のイベントごとといえば、お正月。関東から西へと移り住んだ私が、驚いたのはやはりお雑煮です。香川は白みそ仕立てで、丸いあん餅を入れます。金時にんじんも欠かせません。ただ、夫は甘い餅が苦手なので、嫁として絶対に作らなくてはというプレッシャーがないので助かります(笑)。とはいえ、元旦は関東風のしょうゆベースで、2日目は白みそ仕立てにすることが多いですね。クリーミーな白みそに青のりをふるのですが、この組み合わせが何とも言えずにおいしいのです。最初は「えー、あんこのお餅なの!?」とびっくりしましたが、不思議と食べないともの足りなさを感じてしまうようになりました。一つ下の妹は、香川に遊びに来るとき、あん餅を楽しみにしているそう。ただ、私は慣れ親しんだ四角いお餅が食べたいのに、なかなか手に入らないのが寂しいんです。

冬の食材

カキ

カキといえば、瀬戸内海を挟んだお向かいさん広島を思い浮かべますが、香川も全国トップ10に入るカキの産地です。養殖が盛んでブランドカキもあるんですよ。1年のうち5カ月は地物が手に入ります。ビタミンやミネラルが豊富で、免疫力アップや美肌効果もあるので、冬はよく食卓にのぼります。お鍋が定番ですが、ねっとりとした里いもと一緒にじっくりオイルで煮るのもおすすめ。残ったオイルで作るパスタも絶品です。

カキと里いものオイル煮

材料／2人分

カキ…100g
かたくり粉…小さじ1
塩…小さじ1
里いも…100g
オリーブ油…適量
鷹の爪…適量
しょうゆ…大さじ2
にんにく…½かけ
あればローズマリー…10cm

作り方

1 カキをボウルに入れ、かたくり粉と塩をふってなじませる。汚れがとれるまで流水で洗い、キッチンペーパーで水けをふき取る。
2 里いもは皮をむいて食べやすい大きさに切り、水に10分ほど浸してアクを抜いて水けをふく。
3 小さいフライパンに1と2、鷹の爪、スライスしたにんにく、あればローズマリーを入れ、具の半分が浸る高さまでオリーブ油を注ぐ。
4 オリーブ油がふつふつする火加減で熱し、途中で具材をひっくり返しながら、里いもがやわらかくなるまで加熱する。
5 しょうゆをまわし入れ、すぐに火を止めて完成。

カキオイルを使ったそうめん

材料／1人分

そうめん…2束
しめじ…20g

作り方

1 余ったカキオイルでしめじを炒める。
2 表示時間通りにゆでたそうめんを加えて和える。

カキと里いものオイル煮

カキオイルを使ったそうめん

冬の食材

にんじん

病気をしてから欠かせない食材となったにんじん。鮮やかな赤色をした金時にんじんが、香川では有名です。冬はラペよりもこっくり、ほくほくとした食感で楽しみたい。

にんじんのローズマリーコンフィ

材料／２人分

にんじん…１〜２本
油…適量
塩…ひとつまみ
ローズマリー…３〜５cm

作り方

1 にんじんをスティック状に切り、スキレットやグラタン皿に敷きつめる。
2 ひたひたになるまで油を注ぎ、塩とローズマリーを入れ、中火で油がふつふつするまで熱する。
3 火からおろし、120℃のオーブンで約30分焼く。

冬の食材

ぶり

「オリーブぶり（ハマチ）」を見かけたことはありませんか？　香川の特産を組み合わせたブランド魚です。切り身でもできる炊き込みご飯は、うまみが凝縮されて大満足。

ぶりの炊き込みご飯

◎材料／２人分

ぶり…１切れ
米…1.5合
水…240ml
スナップえんどう…５本
A｜しょうゆ…大さじ１
　｜酒…大さじ１
　｜塩…小さじ⅓
　｜塩昆布…ふたつまみ

◎作り方

1 ぶりにふり塩をし、10分おく。水けをキッチンペーパーでふき取り、魚焼きグリルで両面に軽く焼き色がつくまで焼く。
2 鍋もしくは炊飯器に洗った米、水、Aを入れ、最後に1をのせる。いつも通りにごはんを炊く。
3 炊いている間にスナップえんどうを斜めに切る。
4 炊き上がったら3を入れ、２～３分蒸して火を通す。

COLUMN 4

毎日通いたい 元気になれる 買い物スポット

私の住んでいる地域には、地元の八百屋さん、魚屋さん、お肉屋さん、お豆腐屋さんのような個人商店がいくつもあります。スーパーは一度に何でもそろって便利なのですが、できるだけ個人商店さんを応援したいと思っています。

お肉屋さんの70代のお母さんは、50年間お店に立ち続けていると話してくれました。「昔はこのあたりは外食店なんてひとつもなかったから、みんなが自炊をしていたけれど、すっかり時代が変わってしまって若い人は全然料理をしなくなった」とつぶやいていたのが印象に残っています。私みたいに料理が好きな人もいるよ、と伝えたくて、毎週買いに行っていたのですが、ある日を境にシャッターを下ろしてしまったのです。そこのお肉は格別だったことはもちろん、かわいらしいお母さんの笑顔が見られなくなったことが、残念でたまりません。

今、なくなっては困る、私にとってテーマパークのような場所が自然食品を扱う「ちろりん村」です。これが欲しかった！　というものが、不思議と見つかるんですよね。心が通じているのでしょうか（笑）。あれもこれも欲しい！　と、すぐにカゴがいっぱいに。どんな楽しいアトラクションよりも、ワクワクさせてくれる場所です。

発酵調味料や甘酒作りに欠かせない「まるみ麹」の生こうじが手に入るので、つい通ってしまう場所。生産者の顔がわかる野菜や手作りパン・お菓子も豊富で、食物アレルギーがある私でも安心して購入できます。「ふんわり糀家」のパンフレットも置いていますよ。

ちろりん村

香川県高松市上福岡町にある自然食品専門店。営業時間など詳細はインスタグラムで！
@ chirorinmura_omise

#06

私の人生を豊かにしてくれた甘酒活用術

甘酒は私の原点といってもいいかもしれません。
初めてワークショップを開いたときに
取り入れたのが甘酒です。
そのときは手作りではありませんでしたが、

「甘酒ってこんなおいしいんだ」
「料理にも使えるのね」と
うれしい声をたくさんいただきました。
本格的にレッスンをはじめてからも
甘酒の講座は大人気。
教室が軌道にのったのも、生徒さんたちが
「甘酒や発酵食を使った面白い教室があるよ」と
口コミで広げてくれたおかげです。
現在では、認定講師も増え、
甘酒パートナーも全国各地に広がっています。
人生が変わる料理教室とうたっているけれど
私の人生が一番変わったんですよね。

甘酒、発酵食がご縁をつなぎ新しい世界に連れて行ってくれた

ただ食べるのが好きで、料理をするのが楽しいだけで特別上手なわけではなかったのに、10年近く料理教室を続けることができました。私は、祖母や母の作る素朴な家庭料理が大好きで、自分で作るものだって、家庭料理の延長。そんな私がフレンチやイタリアンのシェフになるなんていうのは夢のまた夢。料理を仕事にしたいとふんわりと考えはじめたとき、50年たっても口にしているものって何だろうと考えてみると、みそやしょうゆなどの調味料が浮かびました。何年たっても飽きない味こそが私が求めているものかもしれないと、発酵食を軸にした料理教室にしようと心に決めました。

料理も発酵も同じものができないことが楽しいんです。ある生徒さんが、「ふんわり糀家で作った甘酒と自分の家で作った甘酒、原材料が同じなのに味が違う」とおっしゃっていました。みそ作りでもみんなで一緒に同じ場所で同じ材料を使って作るのに、できあがりの味が違って自分のみそが一番おいしいから「手前みそですが」なんて言ったりするの

と同じです。料理も、同じレシピで作ったところで、同じ味にはなりません。野菜や調味料の微妙な味の違いはもちろん、作り手の心が味に反映されて、人それぞれのおいしさを生み出すのだと思います。自分が毎日料理をしていると、たまに人が作ってくれた料理を食べるとしみじみおいしく感じるし、初めて食べる味に想像力を掻《か》き立てられます。至ってシンプルな調味料なのに、人の手が入ると食べたことのない味になり、自分でも再現したくなって「どうやって作るの？」と思わず聞いてしまうものです。

　私は特定の趣味も特技もなく、何かに夢中になっている人や職場以外に自分の居場所を持つ人たちを羨ましく眺めているような人でした。それが、料理を仕事にしてから、たくさんのご縁に恵まれ、自らも積極的に人と出会うようになれたんです。旅行も観光だけではなく、その土地で生活している人とかかわるようになりました。発酵調味料や体にやさしい料理を広めたい人、自分の好きを仕事にして生きている人などを訪ねて旅をしたり、そこで食べたものや感じたことをＳＮＳで発信したりレシピのアイデアにしたりと、旅をすることでインプットとアウトプットの好循環が生まれるようになりました。

　新しくはじめた甘酒の魅力を伝える人を育成する「甘酒パートナーズ養成講座」で、さらにご縁が広がっていると実感しています。

オンラインでも行っている「甘酒パートナーズ養成講座」は、幸せの循環を感じることができる。

水筒でできる！

甘酒の作り方

調味料もそうですが、手作りって難しそう、面倒というイメージがどうしても付きまといます。でも、発酵調味料は材料を混ぜて、あとは発酵を待つだけなので、お手軽にできてしまうもの。温度管理が難しいと言われますが、私が提案する甘酒は保温できる水筒を使うので、ほったらかしでいいんです。

材料は米麹と水だけ！　慣れれば仕込みは5分！　夜仕込めば、翌朝には完成しています。手軽に甘酒ライフがはじめられますよ。

用意するもの

A **水筒**。500ml入るサイズで、口が広いスープジャーがおすすめ。

B **生麹**(200g)。私が使っているのは、岡山県のまるみ麹さんです。

C **温度計**。タニタを愛用。

D **水**(300ml)

作り方

1 水筒の$\frac{1}{3}$までお湯(分量外)を注ぎ、容器内を温める。蓋はゆるめに閉めておく。

5 水筒のお湯を捨て、4を入れる。表面が平らになるようならす。

6 水筒の蓋をしっかりと閉めて8時間おく。麹の芯がなくなっていれば完成。

7 ホーローなどの保存容器に移し替えて冷蔵保存する。

2 鍋に水を入れて弱火にかけ、温度計で計りながら60℃まで温める。

3 麹を加える。

4 温度計でかき混ぜながら再び60℃になるまで弱火で温める。

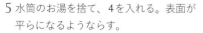

砂糖の代わりに甘酒でまろやかな甘みに

甘酒は「飲む点滴」と言われ、美意識が高い人たちに人気でブームになりました。スーパーでも甘酒コーナーができているほどです。

蒸したお米から作られる米麹にお湯を加えて温めると、麹菌がどんどん発酵しながら、ビタミンB_1、B_2、B_6、ビオチンなど健康維持に必要不可欠のビタミン群とブドウ糖を多量に作ります。しかも、このビタミン群の吸収率は90％以上。

また、体内で合成することのできない必須アミノ酸が豊富に含まれていて、疲労回復や免疫力アップ、美肌効果を得られるんです。このアミノ酸はうまみやコクを出してくれるので、ぜひ料理に活用したいもの。白砂糖をなるべく使いたくない私は、甘みが欲しい料理には甘酒を積極的に使うようになりました。煮物など和食だけでなく、洋風料理とも相性がいいんです。全体の味のまとまりがよくなって、おいしさもアップします。

私自身、甘酒を活用するようになってから便秘知らずで、お肌の調子がとてもよくなりました。

野菜をたっぷり食べる

ラタトゥイユ

甘酒に含まれるアミノ酸がうまみとコクを引き立たせてくれるので、煮込み料理が短時間でおいしく仕上がります。野菜は大きめにカットして。

材料／4人分

玉ねぎ… 1個	水…50ml
なす… 2本	塩…小さじ2
ピーマン… 4個	オリーブ油…大さじ1
にんにく… 2かけ	甘酒…大さじ6
カットトマト缶 … 1個(400ml)	バジル…適量

作り方

1 玉ねぎはくし形に、ピーマンは乱切りにする。なすは1cm幅の輪切りにし、水にさらす。にんにくは薄切りにする。

2 鍋に1とトマト缶、水、塩、オリーブ油を加えて蓋をする。弱めの中火で煮る。

3 湯気があがり、野菜がしんなりしたら火を止める。甘酒を加えてよく混ぜ合わせ、ちぎったバジルを入れる。

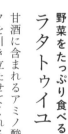

さわやかな香りが漂う

鶏もも肉のレモン蒸し

鶏肉に甘酒をもみ込むことでジューシー度がアップ。ワインにも、ご飯にも合う意外性とごちそう感のあるおかず。レモンは、あとからしぼっても。

◎材料／2人分

鶏もも肉…小さめ1枚(200g)
玉ねぎ…1個
しめじ…1パック
A ｜塩…小さじ1
　｜甘酒…大さじ3
　｜おろしにんにく…5g
鷹の爪…適量
レモン…1個
お好みで黒こしょう、パセリ…適量

◎作り方

1 鶏もも肉は一口大に切り、Aをもみ込む。
2 玉ねぎとレモンは薄切りにし、しめじはほぐす。
3 鍋に玉ねぎ、しめじ、鶏もも肉、レモンの順に重ね、最後に鷹の爪をのせ蓋をする。弱めの中火で10分蒸し焼きにする。
4 お好みで黒こしょう、パセリをふっていただく。

スパイス調合いらず

スリランカ風カレー

スリランカ滞在中に学んだカレーを日本風にアレンジ。ココナッツミルクをたっぷり使うのがスリランカカレーの特徴です。レッスンでも好評でした。

◎ 材料／4人分

かぼちゃ…200g	ローリエ…2枚
玉ねぎ…½個	水…200ml
カシューナッツ…40g	ココナッツミルク…1缶(400ml)
米油…大さじ2	レモン汁…大さじ2
にんにく…1かけ	甘酒…大さじ3
カレー粉…大さじ1	しょうゆ…小さじ½
塩…小さじ2½	黒こしょう…適量

◎ 作り方

1 かぼちゃは1cmくらいの薄切りに、玉ねぎは乱切りにする。

2 鍋に米油をひき、スライスしたにんにくを入れ熱する。香りが出たら、1とカシューナッツを加え、玉ねぎがしんなりするまで中火で炒める。

3 火を一度止め、カレー粉、塩の半量を加えて全体になじませる。水、ローリエを加えて中火で5分煮込む。

4 ココナッツミルク、レモン汁、残りの塩を加えて煮立てる。甘酒としょうゆで味をととのえ、黒こしょうをお好みの量加えて完成。

おなかの調子がととのう

卯の花

おからは低カロリーで高タンパク。食物繊維も豊富なので、甘酒と組み合わせれば最強の腸活メニューに。

材料／4人分

生おから…120g
コーン…50g
にんじん…⅓本
干ししいたけ…1個
油…大さじ1
A　しいたけ昆布だし＊…250ml
　　甘酒…大さじ2
　　薄口しょうゆ…大さじ1
　　みりん…小さじ1

作り方

1 干ししいたけは水で戻し、薄切りにする。にんじんは千切りにする。
2 フライパンに油を熱し、1を加えて中火で炒める。
3 おからとコーンを加え、おからをほぐすように混ぜたらAを加える。
4 汁けがなくなるまで混ぜながら炒める。
5 保存容器に移し、粗熱がとれてから冷蔵庫で休ませ味をなじませる。

のりをたっぷりと！

親子丼風のりたま

ごはんが進む甘辛味。鶏肉から出るだしを甘酒がぐっと引き立て、お店のような味に。のりがアクセント。

材料／2人分

卵…2個
鶏もも肉…½枚(150g)
玉ねぎ…½個
A　しょうゆ…大さじ2
　　甘酒…大さじ2
　　みりん…大さじ1
水…80ml
きざみのり…適量

作り方

1 フライパンにAと水、1cm幅に切った玉ねぎを入れ、中火で5分煮る。
2 一口大に切った鶏もも肉を加え、2分ほど煮る。
3 溶き卵の⅔をまわし入れて1分加熱したら、残りを加えて火を止め、蓋をする。
4 きざみのりをたっぷりのせていただく。

だしがジュワッと口に広がる

高野豆腐と野菜の煮物

昔ながらの和の料理と甘酒は好相性。高野豆腐がうまみたっぷりのだしを含み、口に入れた瞬間幸せが訪れます。ホッとする副菜として、どうぞ。

材料／４人分

高野豆腐…30g
玉ねぎ…½個
干ししいたけ…１個
きぬさや…８本
A　しいたけ昆布だし＊…400ml
　　甘酒…大さじ２½
　　塩…小さじ1

作り方

1 干ししいたけは水で戻し、薄切りにする。玉ねぎはくし形切りにする。
2 鍋にAと1を入れ、中火にかけ沸騰したら弱火にし、玉ねぎがしんなりするまで煮る。
3 高野豆腐を2に加えて５分煮る。筋をとったきぬさやを加え、色が鮮やかになるまで30秒ほど煮る。

＊水1ℓに干ししいたけ1枚とだし昆布５cm角をひと晩ひたしたもの。

芯から温まる

鶏団子スープ

冷え込んだ日に食べたくなるごちそうスープ。甘酒はスープではなく、鶏団子のタネに入れ、うまみをアップ。甘酒独特のつぶつぶも気になりません。

材料／4人分

鶏ひき肉…200g
甘酒…大さじ1
しょうが…½かけ
白ねぎ…5cm
まいたけ…1パック

A
しいたけ昆布だし＊…800ml
酒…大さじ2

塩…小さじ⅔
小ねぎ…適量

作り方

1 ボウルに鶏ひき肉、甘酒、塩ふたつまみ(分量外)、みじん切りにしたしょうが、ねぎを加え、ねばりが出るまでよく混ぜる。
2 鍋にAを入れ、中火にかける。温まってきたら2をピンポン玉大に丸めて入れる。
3 アクをとり、ほぐしたまいたけ、塩を加えて味をととのえる。
4 食べる直前に小口切りにした小ねぎを加える。

何にでも合う

和風梅ソース

野菜やお肉にかけるだけで立派なおかずになる、万能ソース。2週間ほど日持ちするので、忙しい日に重宝します。

材料／作りやすい量

梅干し… 3個(30g)
A | 甘酒…大さじ2
油…大さじ1
しょうゆ…小さじ1

作り方

1 梅干しは種をとり、包丁でたたく。
2 1とAを混ぜ合わせる。甘酒の粒が気になるなら、フードプロセッサーで撹拌するとなめらかな仕上がりになる。

箸休めにぴったり

大根なます

お正月じゃなくても、常備菜としてあると便利です。甘酒を使うと酸味もまろやかになり、食べやすくなります。

材料／2人分

大根…⅕本(200g)
塩麹…大さじ1
甘酒…大さじ2～3
酢…大さじ1
ゆず…適量

作り方

1 大根は千切りにし、ゆずは皮をそいで果汁をしぼっておく。
2 ボウルに大根と塩麹を入れ、よくなじませて5分ほどおく。水けをしぼる。
3 2に甘酒、酢、ゆずの皮と果汁を入れて和える。

彩りに便利な

ラディッシュの甘酢漬け

着色料を使わなくても自然の恵みが、ワクワクする華やかな色を発してくれます。脇役だけど、主役級な活躍。

◎ 材料／作りやすい量

ラディッシュ…5〜6個

A｜酢…120ml
　｜甘酒…大さじ3
　｜塩…ふたつまみ

◎ 作り方

1 ラディッシュを薄切りにする。

2 ホーローなど保存容器にAを入れて混ぜ合わせ、1を加えて冷蔵庫で一晩おく。

食物繊維が足りない日に

れんこんツナマヨ風サラダ

料理教室をはじめたばかりの頃に考案した思い出のレシピ。切り干し大根の新しい使い方としてもおすすめです。

◎ 材料／2人分

れんこん…100g

ツナ缶(オイル漬け)…1個

切り干し大根…20g

A｜甘酒…大さじ2
　｜酢…大さじ1
　｜しょうゆ…小さじ1
　｜ねりごま…大さじ1

◎ 作り方

1 れんこんは皮をむき、薄いいちょう切りにする。熱湯で30秒ほどゆで、ざるにあげて冷ましておく。

2 切り干し大根は水でさっと洗い、水けをしっかりきって食べやすい長さに切る。

3 ボウルにAを混ぜ合わせ、ツナ缶と2を加えて和える。

4 切り干し大根が汁を吸ってふっくらしてきたら1を加え、よく和える。

家庭料理の定番

きんぴらごぼう

甘酒の甘みってどんなもの？　と知りたい人は、定番料理から取り入れてみては。今までの味と比べてみると、甘み、うまみの違いがわかると思います。

材料／４人分

ごぼう… １本
にんじん…⅔本
水…大さじ１
塩…ひとつまみ
甘酒…大さじ２
しょうゆ麹…大さじ１
ごま油…大さじ½
白ごま…大さじ½

作り方

1 ごぼうは皮をこそげ、千切りにして水にさらす。にんじんは皮をむき、千切りにする。
2 鍋に水、**1**、塩、甘酒の順に入れ蓋をし、しんなりするまで弱火で蒸し煮にする。
3 しょうゆ麹を加え、全体を混ぜながら１〜２分煮る。
4 汁けがなくなったらごま油と白ごまを加えて混ぜ合わせる。

体が喜ぶやさしいスイーツ

乳製品アレルギーになってから、食べられるスイーツは限られてしまいました。和菓子、ゼリー、シャーベットくらい。近頃は、市販のものでも乳製品フリーの焼き菓子が増えてきたけれど、アイスクリームや杏仁豆腐《あんにんどうふ》みたいな、冷たいスイーツでまだまだ食べられるものにはお目にかかれません。

そこで、甘酒の出番です。甘い物で癒やされ、発酵食でちゃんと腸活ができ、美肌にもなれるなんて、いいとこどりすぎますよね。

ただ、甘酒は甘みが弱いので、砂糖の2倍量は必要です。例えば、レシピに砂糖大さじ2とあったら、甘酒は大さじ4です。私のレシピをここまで見てきて、「甘酒大さじ6も入れるの!?」と驚いた人もいるかもしれませんが、安心してください。精製された砂糖ではなく、麹の自然な甘みですから量が多くても大丈夫。米麹の甘酒なので、お子さんのおやつにも活用できます。

寒天や杏仁豆腐に使えば、やさしい甘みになります。粉物に使うときは、甘酒に水分が多いので注意してください。

甘酒杏仁豆腐

トッピングの果物はお好みでどうぞ。香川県は桃の産地でもあるので、旬の時期は桃でとことん楽しみます。

材料／4人分

A
- 無調整豆乳…500ml
- 粉寒天…4g
- 杏仁《きょうにん》パウダー…大さじ2

B
- しょうが汁…大さじ½
- 甘酒(粒なし)…大さじ8

[桃シロップ]
- 桃…中2個
- はちみつ…大さじ4
- シナモン…適量

作り方

1 小鍋にAを入れ、泡立て器で底からかき混ぜるようにしながら中火にかける。

2 沸騰したらすぐに火を止め、Bを加えてよく混ぜ、器に流し入れる。

3 粗熱がとれるまで常温におき、冷蔵庫でよく冷やす。

4 角切りにした桃とはちみつ、シナモンをよく混ぜ、冷蔵庫で冷やす。

5 食べる直前に4をかけていただく。

バナナ＆ヨーグルトアイス

甘酒とバナナの甘みだけなので、やさしさ満点。レーズンやナッツを加えてアレンジを楽しんでください。

材料／作りやすい量

- 甘酒…240g
- 木綿豆腐…150g
- 豆乳ヨーグルト…150g
- 白ねりごま…大さじ2
- 塩…ひとつまみ
- バナナ…2本

作り方

1 フードプロセッサーにバナナ1本と残りの材料を全て入れ、撹拌する。

2 1に手でちぎったバナナ1本を加え、3秒ほど撹拌する。バナナの食感を残す。

3 保存容器に2を入れ、冷凍庫で冷やし固める。

4 食べる30分から1時間ほど前に冷凍庫から取り出し、器に盛る。

甘酒スムージーで朝がはじまる

2年ほど前の夏頃、我が家は1日2食になりました。夫のリクエストで、朝兼お昼を12時頃に食べて、夜ごはんは7時に食べるというスタイルです。

私も夫も今までは「朝食べなきゃ体が動かない」という意識が強かったのですが、周りの経営者の方々に何気なく聞いてみると、かなりの率で「朝は飲み物だけ(プロテインやスムージーなど)」と言うではないですか。「おや？ もしかしてうまくいってる人はみんな2食なの？」と思ったりしていたんです。そうしたら夫から、「1日2食にしてみたい」と提案があったのでびっくり。

そんなわけで、1日2食を実践してからわずか1週間で、色々と素晴らしい変化がありました。まず、ちゃんと空腹になってから食べるので、ごはんが一層おいしく感じられるように。空腹は最高のごちそうとはよく言ったものです。1日3食だと空腹になる前に食べていたなぁと気づきました。さらに、朝兼お昼を食べるまでの時間の集中力がグッと高まりました。朝はお水・甘酒スムージー・ソイラテなど水分とフルーツだけなので、頭が冴えて仕事がはか

どるようになったのです。

朝は栄養の吸収がいい時間帯です。だから1日2食といっても何も口にしないのはもったいない。体が喜ぶ甘酒ならもっといいはず。さらに、「朝の果物は金」と言いますよね。朝に食べると胃腸の働きを活発にして、体を目覚めさせてくれますし、1日のエネルギーチャージにもなります。そこで、旬のフルーツを使った甘酒スムージーが朝の日課になりました。私にとっての栄養ドリンクなんです。

後日談として……。私だけ1日4食になりました。今の体と向き合った結果です。

甘酒は手作りだからこそ得られる健康・美容効果が高いのですが、作るのはやっぱり面倒だわという人は、まずは市販品からトライしてください。米麹が原料のものを選んでくださいね。

甘酒のつぶつぶが苦手という声をよく聞きます。フードプロセッサーやブレンダーで撹拌するので、全く気にならなくなりますよ。

甘酒スムージーカレンダー

1月　甘酒ソイラテ

材料

甘酒…大さじ3～4
A　豆乳…150ml、 水…50ml
　しょうが汁…数滴
　お好みのスパイス(シナモン、
　　カルダモンなど)…少量
あればバニラエッセンス… 1滴

作り方

1 甘酒はフードプロセッサーで粒がなくなるまで撹拌する。
2 小鍋に1とAを入れ、弱火にかける。温度計を使いながら55～60℃まで温める。
3 カップに注ぎ、バニラエッセンスを入れる。

2月　チョコバナナ

材料

甘酒…大さじ2
バナナ…½本
無調整豆乳…100ml
ココア…小さじ1～2

作り方

全ての材料をハンドブレンダーなどで撹拌する。

3月　いちごにんじん

材料

甘酒…大さじ2
いちご… 2個
にんじん…¼本
無調整豆乳…100ml
はちみつ…小さじ1

作り方

にんじんは皮をむき、薄切りにする。全ての材料をハンドブレンダーなどで撹拌する。

4月 りんご&小松菜&バナナ

材料

甘酒…大さじ3
小松菜… 1株
りんご…¼個
バナナ…½本
水…100ml
レモン汁…小さじ½

作り方

小松菜はざく切り、りんごは皮をむき一口大に切る。全ての材料をハンドブレンダーなどで撹拌する。

5月 はちみつレモン

材料

甘酒…大さじ3
レモン汁…小さじ2
はちみつ…小さじ2
氷…5個

作り方

全ての材料をハンドブレンダーなどで撹拌する。

6月 ブルーベリー

材料

甘酒…大さじ2
ブルーベリー… 5～10粒
無調整豆乳…100ml

作り方

全ての材料をハンドブレンダーなどで撹拌する。

7月 桃

材料

甘酒…大さじ2
桃…½個
りんごジュース…100ml

作り方

桃は皮をむき、全ての材料をハンドブレンダーなどで撹拌する。

8月 スイカ

材料

甘酒…大さじ2
スイカ…100g
バナナ…½本
水…100ml
レモン汁…小さじ½

作り方

スイカは皮をむき、一口大に切る。全ての材料をハンドブレンダーなどで撹拌する。

9月 いちじく

材料

甘酒…大さじ2
いちじく…２個
バナナ…½本
水…100ml
レモン汁…小さじ½

作り方

いちじくは皮をむき、一口大に切る。全ての材料をハンドブレンダーなどで撹拌する。

10月

すだち

材料

甘酒…大さじ3
すだち… 2個分の果汁
水…50ml
氷…5個

作り方

全ての材料をハンドブレンダーなどで撹拌する。

11月

キウイ&りんご

材料

甘酒…大さじ2
りんご…½個
キウイ… 1個
水…100ml

作り方

りんごとキウイは皮をむき、一口大に切る。全ての材料をハンドブレンダーなどで撹拌する。

12月

みかんとパプリカ

材料

甘酒…大さじ2
みかん… 1個
パプリカ…⅛個
水…100ml

作り方

みかんは皮をむき、パプリカは一口大に切る。全ての材料をハンドブレンダーなどで撹拌する。

おわりに

病気になり、ふさぎ込んで自分の存在価値を見出せずにいた私を助けてくれたのは本でした。だから、オンリーワンの体験から積み上げてきた思いを同じように悩んでいる人に届けたい、迷っている人の背中を1ミリでも押すことができたら、ステキなことだなと思ったのです。料理家ならレシピを届けたいというところでしょうが、私はレシピだけでなくそこに込めた思いも伝えたい。料理をツールとして人の輪を広げていきたいと考えています。

まだまだ私も進化中です。本の制作期間中だけでも、考えがガラリと変わったこともあります。料理家として恥ずかしくないレシピを出さなければ！　と、ガチガチに肩に力が入っていました。編集担当さんから「もっとしんどい人が簡単に作れるものを入れては？」と提案されても、そんなこと何で言うんだろう、時短レシピなんて私じゃなくてもいいのに……と落ち込みました。しかし、あるとき、ピーマンの素焼きにすだちをしぼっただけの料理をＳＮＳで紹介したところ、かなりの反響をいただきました。「え？　これでいいの？」という驚きとともに、肩に乗っかった何万トンもする重しが落ちていったのです。

私も毎日手の込んだ料理を作っているわけじゃないし、３６５日体調がいいわけでもありません。食べたい味や量、手に入る食材は一日として同じということはないので、その都度その都度、自分にベストな料理を見繕ってあげればいいと思っていたのに、その気持ちが抜けていたことに気づきました。料理を通して幸せの循環ができたらと思っていたのに、自分の思いを一方的に押しつけるところでした。

最近、あれこれたくさん持つのではなく、身軽で生きることの心地よさもあると感じられるようになりました。ファッションに抜け感が必要なように、料理も抜け感が今の気分。だけど、時間や手間をかけなくても自分や大切な人のことを思い、ねぎらう気持ちを持って料理をしてほしい。そうすれば、自然と笑顔でいられる時間も増えると思うんです。

本を出して終わりではなく、この本を持って、みなさんに会いに行きたい。そして、一緒にお話をしたい。それが、今の私の夢です。ぜひ、どこかでお会いできたらうれしいです。

● 笠原なつみ

ふんわり糀家主宰。料理家。大学職員として働いていた25歳のときに白血病を発症したことをきっかけに「食」の大切さに気づく。2015年、結婚を機に埼玉県から香川県高松市へ移住し、発酵食の料理教室「ふんわり糀家」をスタート。料理教室は日本国内にとどまらず海外でも開催し好評。コロナ禍にオンライン講座もはじめ、ふんわり糀家の発酵食が好きな「ふんわりさん」を日本各地に増やしていった。現在は、料理教室のほか認定講師の育成にも力を注ぐ。心と体がととのう料理を広めながら、「料理」をツールにして共鳴する人とつながり、新しい世界を開拓する活動を続けている。

● ふんわり糀家 HP
https://funwari-koujiya.net/
● Instagram
@ natsumi.kasahara
● note
https://note.com/natsumi_kasahara/
● X（旧Twitter）
@ natsumi_funwari

元気がなくても作りたくなるレシピ

2024年1月30日　第1刷発行

著者　笠原なつみ
発行者　矢島和郎
発行所　株式会社 飛鳥新社
〒101-0003
東京都千代田区一ツ橋2－4－3　光文恒産ビル
電話 03-3263-7770（営業）
03-3263-7773（編集）
https://www.asukashinsha.co.jp

デザイン　L'espace（若山美樹）
撮影　土屋哲朗（カバー、1章、コラム）
校正　ハーヴェスト
編集協力　ブックオリティ
岩淵美樹

印刷・製本　中央精版印刷株式会社

ISBN 978-4-86801-001-2

編集担当　内田威

飛鳥新社
公式X（twitter）

お読みになった
ご感想はコチラへ